El rinoceronte zen
y otros koans que te salvarán la vida

John Tarrant

El rinoceronte zen
y otros koans que te salvarán la vida

KŌAN

c/ Mar Tirrena, 5, 08912 Badalona
www.koanlibros.com • info@koanlibros.com

ISBN: 978-84-949134-1-9 • Depósito legal: B-22.719-2018
Maquetación: Cuqui Puig • Diseño de cubiertas de colección:
Claudia Burbano de Lara • Ilustración de cubierta: Elsa Suárez Girard
Impresión y encuadernación: Liberdúplex
Impreso en España / *Printed in Spain*

Para Joan

ÍNDICE

AGRADECIMIENTOS

Este libro es un informe sobre el uso de los koans como vía de transformación en el mundo moderno. El proyecto es fruto de una colaboración de cultura abierta: muchas manos y corazones han trabajado aquí.

Gracias a Michael Katz por concebir el libro, a Joan Sutherland por reimaginar koans, por la edición y por las traducciones, y a Byron Katie por su enfoque de la investigación.

Durante años, Rachel Howlett, Brian Howlett, David Weinstein, Lyn Bouguereau y Michelle Riddle me han facilitado materiales generosamente y han colaborado para desarrollar las ideas de este libro.

Otros que han ayudado son Susan Murphy, Stephen Mitchell, Ken Ireland, Jon Joseph, Joe Mancuso, Alan Williamson, Rachel Boughton, Mayumi Oda, Rachael Flannery, Roberta Goldfarb, Richie Domingue, Seraphina Goldfarb-Tarrant, Michael Sierchio, Julian Gresser, Alison Ellett, Ann Hunkins, Linda Brown, Bill Krumbein, Paul Abrahamsen, Tom McConnell y James Anthony. Gracias. El Pacific Zen Institute me ha dado una base de operaciones.

Tracy Gaudet y Duke Integrative Medicine proporcionan un terreno de prueba para ideas sobre la transformación de la conciencia. Wolf Creek Partners también ofrece una manera de implementar estas ideas en el cuidado de la salud y la medicina.

INTRODUCCIÓN

Una pregunta imposible significa un viaje

Este libro ofrece un camino inusual hacia la felicidad. No te anima a esforzarte por las cosas, a manipular a la gente o a convertirte en una versión mejorada y refinada de ti mismo. Por el contrario, sugiere una manera indirecta de acercarte a la felicidad al desmontar, deshacer, tirar por la borda y, en general, subvertir la infelicidad. Y este enfoque indirecto ni siquiera parte de un plan: es difícil planear algo que te llevará más allá de lo que puedes imaginar, y precisamente para eso está diseñado este método. Basado en los koans (*kōan*) zen, se utiliza desde hace siglos en el este de Asia, aunque empieza a implantarse en Estados Unidos, Europa y Australia. La meta del koan zen es la iluminación, es decir, un profundo cambio de actitud. Con este cambio el mundo parece un lugar diferente; con él llegan la libertad de espíritu y la conciencia de la alegría y la bondad que subyacen en la vida cotidiana.

Los koans no buscan prescribir un tipo de felicidad particular o una forma de vida correcta. No te enseñan a construir o a hacer algo que no existía. Muchos enfoques psicológicos y espirituales giran en torno a metáforas de ingeniería y pretenden que tu mente sea más predecible y controlable. Los koans van en dirección contraria. Te invitan a aliarte con el lado impredecible de la mente y a enfocar tu vida más bien como una obra de arte. Sorprenden igual que el arte: dentro de lo impredecible no encontramos caos, sino belleza. Los koans iluminan una vida que puede haber estado latente en ti; ofrecen la posibilidad de transformación incluso si estás intentando resolver problemas poco claros o aparentemente insolubles.

Para empezar, hay que tener en cuenta siete cosas sobre los koans:

Los koans te muestran que puedes confiar en los impulsos creativos. La gente suele pensar que un salto creativo es algo así como uno, dos, tres, cuatro..., seis. Con los koans, un salto creativo se parece más a uno, dos, tres, cuatro..., rinoceronte. ¿Y si la felicidad fuera una actividad creativa, como escribir un poema? No puedes saber de dónde vendrá el próximo verso de un poema y no puedes forzarlo, pero hay una disciplina que ayuda. Si prestas la atención apropiada, el siguiente verso del poema llega de la nada. Del mismo modo, mediante un koan la felicidad puede llegar de la nada.

Los koans fomentan la duda y la curiosidad. Los koans no te piden que creas algo que ofenda a la razón. Puedes pertenecer a cualquier religión y usar koans. Puedes no ser religioso y usar koans. Éstos no eliminan las creencias dolorosas sustituyéndolas por creencias positivas. Los koans sólo eliminan las creencias dolorosas y proporcionan así libertad. Lo que hagas con esa libertad depende de ti.

Los koans confían en la incertidumbre como camino hacia la felicidad. Si sales a buscar la felicidad pensando que sabes lo que necesitas, siempre terminarás encontrando algo que satisfaga esa necesidad. El problema es que la infelicidad es como estar en prisión: en una estrecha celda piensas en la felicidad con la mente de un recluso. Podrías imaginarte una celda más cómoda, contemplar la posibilidad de pintar las paredes de un color más bonito (rosa, tal vez) y comprar un sofá nuevo. Los koans no aprueban el proyecto de interiorismo, sino que derriban las paredes.

Los koans socavarán tus motivos y explicaciones. Si tienes un motivo para ser feliz, esa felicidad te puede ser arrebatada. La persona que amas podría abandonarte, el trabajo podría dejar de ser interesante. Si tienes un motivo para amar la vida, ¿qué pasa si éste falla? Los koans te permiten descubrir que la vida y el amor son tan fuertes e intensos que no se los puede explicar o justificar. Los koans inauguran una felicidad que llega sin motivo alguno. Esa felicidad existe desde antes de que los motivos hayan aparecido en el universo.

Los koans te llevan a ver la vida como algo más divertido que trágico. ¿Qué opción prefieres? Ése es uno de sus encantos. Por ejemplo, un visitante le preguntó a un maestro chino:

—¿Adónde vamos cuando morimos?

—Yo iré directo al infierno —dijo el viejo maestro.

—¿Usted? —preguntó el visitante—. ¿Por qué habría de ir al infierno un buen maestro zen?

—Si no lo hago, ¿quién te enseñará?[1]

Los koans cambiarán tu idea de ti mismo, y eso requerirá valor. Si estás acostumbrado a vivir en una habitación pequeña y de repente descubres un ancho prado, quizá te sientas inseguro. Todo el mundo cree que quiere ser feliz, pero quizá no es cierto. Quizá prefieran conservar sus relatos acerca de quiénes son y de lo que es imposible. La felicidad no es un complemento de lo que ya eres; requiere que te conviertas en una persona diferente de la que empezó a buscarla.

Los koans descubren una bondad oculta en la vida. Los koans muestran un camino en el que la bondad es parte de los cimientos de la mente: no uno de sus accesorios, ni algo para ser cultivado. Si fuera un logro, la bondad podría ser arrebatada o perderse. Cuando desempacas todos tus motivos y los motivos de otras personas y llegas al fondo de las cosas, encuentras el amor. Sé que esto es sorprendente, pero intentaré mostrarte que es verdad.

TROPEZAR CON LOS KOANS

A los veintidós años fui secretario ocasional y jardinero residente de la poeta australiana Judith Wright. En su jardín, las mariposas se arremolinaban; pergoleros satinados construían enramadas y bailaban con flores y pinzas de la ropa azules en el pico; los loris y los pequeños ualabíes pasaban por sus respectivos caminos. Al pie de la dehesa empezaba el resto de la selva, grandes árboles festoneados, suspendidos en el cielo como neuronas ramificadas. Cuando murió el vecino, su mujer lo enterró junto al arroyo y retó a la policía tímidamente curiosa a que lo encontrara. Yo tenía un escritorio en el sótano, y ratas de monte me pasaban por encima de los dedos de los pies. Los hongos alucinógenos que consumía de vez en cuando no parecían necesarios para hacer la vida más numinosa.

Aun así, había interrogantes que no se resolvían. Ninguna de las típicas soluciones vitales que se me ofrecían significaba gran cosa y, como muchos jóvenes, al principio no esperaba tener una vida muy larga. Pero seguí viviendo, necesité ganarme la vida, y descubrí que anhelaba dar sentido a las cosas. Había experimentado, como casi todo el mundo, momentos de belleza inmensa y aparentemente eterna, seguidos de desventuras típicas, y me costaba mucho lidiar con la incongruencia. Quería ser leal a esa belleza sin esquivar las partes oscuras.

«Pero ¿de qué está hecho el universo? —preguntaba—. ¿Cómo logra su cohesión? ¿Puede desintegrarse? ¿Qué hacemos aquí?» Ahora parece extraño que no preguntara: «¿Por qué somos desdichados?». Quizá vi la felicidad como algo secundario, un corolario de preguntas tales como «¿Qué es todo esto?». Mi pregunta era apremiante, pero no sabía bien en qué consistía. Ignoraba si era una pregunta o muchas. Y no quería una respuesta en el sentido convencional. Por el contrario, quería una llave mágica para entrar en un ámbito en el que las preguntas insolubles, e incluso las indefinibles, tuvieran sentido. Algo fantástico de Judith Wright fue que, mientras que ella estaba apasionadamente involucrada en el tumulto político externo de esa época —la guerra y los derechos sobre la tierra de los aborígenes y la salvación de la Gran Barrera de Coral—, en lo terrenal, supo inmediatamente a qué me refería.

—Para eso es probable que tengas que ir a la India —dijo sin aparente ironía, y volvió a su máquina de escribir.

Era como si le hubiera preguntado dónde guardaba los clips.

—Ah —dije, un poco decepcionado.

Interpreté su respuesta en el sentido de que para ciertos tipos de conocimiento hay que emprender un viaje. No es como verter agua en un cubo, un proceso que no modifica mucho ni el agua ni el cubo. Parecía que si emprendía ese viaje lograría un cambio total. Y antes de partir, no podía predecir cuál sería ese cambio. Eso me resultaba interesante. Me animó a partir tan sólo con las indicaciones más vagas.

Quizá daría plausibilidad a mi relato decir que un rayo cegador me condujo hasta los koans, pero la verdad es que tropecé con ellos en un libro. Parecían una forma de poesía china. Era una época en la que controlar la mente estaba empezando a parecerme una muy buena idea, y necesitaba un método. Supe de inmediato que los koans me podrían ayudar. Era como si extendiera la mano para ver si llovía y me cayera en la palma de la mano una bola amarilla. No entendía los koans, que sin embargo hacían que mi vida pareciera bella, incluso las partes dolorosas y miserables, y eso cambiaba el valor de todo.

Cuando perdía el equilibrio, los koans me empujaban a un territorio desconocido. Eso me gustaba. Siempre estaba intentando que las cosas tuvieran sentido, y los koans me permitían, o me exigían, trabajar con la vida como lo haría un artista, con especial predilección por el material sin sentido. Eran llaves para entrar en otro ámbito, donde hasta los problemas más graves tenían una valencia diferente y menor.

Leí y trabajé con koans por mi cuenta y después viajé para estudiar con los maestros de las escuelas de koans. Por último, me esforcé para que el método fuera fácil de usar, porque los koans me encantan y pensé que a otros también les podrían resultar útiles. He escrito este libro para que pruebes el método y veas si te gusta.

¿QUÉ SON EXACTAMENTE LOS KOANS?

Cuando intenté averiguar qué son los koans, comprendí que *kōan* es una palabra japonesa que ha entrado en el idioma inglés sin ofrecer una idea clara de su significado. Normalmente se interpreta como una especie de acertijo o pregunta extraña. El koan tiene su origen en dichos o testimonios de conversaciones entre personas interesadas en el secreto de la vida.

Los koans surgieron cuando floreció la cultura china, hace unos mil trescientos años, en la época de las leyendas artúricas en Inglaterra. En China fue un período de cerámica con motivos de sauces, de xilografía, de grandes poetas y pintores y, al igual que en Europa, de guerra civil. También fue una época en la que la gente se interesaba seriamente por la tecnología de la mente. Algunos maestros espirituales se hicieron famosos por su comprensión profunda y libre de la vida, y la gente acudía a aprender, con la esperanza de adquirir los conocimientos que tenía un maestro. Algunos abandonaban granjas, casas y empleos burocráticos para formar comunidades monásticas; algunos viajaban miles de kilómetros a pie. Esos alumnos trabajaban, estudiaban, meditaban y hacían preguntas. Algunos conservaban el trabajo y la vida familiar y se presentaban a estudiar durante ciertos períodos. Los maestros no pretendían lograr nada, sólo respondían a las necesidades de sus discípulos, y resultó que algunas de sus decisiones improvisadas hacían que el proceso fuera interesante.

En primer lugar, confiaban en la duda y recompensaban las preguntas. Esto es insólito en una religión y un ejemplo de la manera zen de tratar lo que normalmente se considera un problema —en este caso, la duda— como un punto fuerte.

Los maestros también trataban todas las preguntas como si fueran importantes, con independencia de su contenido. El valor espiritual de «¿Por qué perdí a mi amor?» era el mismo que el de «¿Qué pasará cuando muera?». Una pregunta constituye un lugar de embarque, y toda pregunta se trataba como si versara sobre la iluminación, tuviera o no conciencia de ello el discípulo. Se confiaba en las fuerzas que habían llevado al discípulo a formularla. Finalmente, en vez de dar consejos amistosos o instrucciones paso a paso, los maestros respondían a los discípulos como si fueran capaces de llegar a una comprensión completa en ese momento. A menudo las palabras de un maestro carecían de sentido racional, pero poseían una cualidad extrañamente convincente. Por ejemplo, alguien mantuvo este diálogo con un gran maestro:

—Soy Qingshui, solo e indigente. Por favor, ayúdame.

Dijo Caoshan:

—¡Señor Shui!

—¡Sí!

Dijo Caoshan:

—Ya has bebido tres tazas del mejor vino, y sin embargo dices que ni siquiera te has mojado los labios.[2]

De todas las respuestas que el alumno podría haber esperado, probablemente no contaba con que le dijeran que era rico. Sin embargo, cuando crees que estás abatido, puede resultar desconcertante y esperanzador que te digan que no lo estás. Después de una conversación de ese tipo, un alumno que se sintiera triste y desdichado podía de repente llenarse de alegría. Con mayor frecuencia, las palabras quedaban trabajando en la mente, sacando poco a poco al discípulo o la discípula de su visión limitante.

Algunos de esos diálogos se hicieron famosos y quedaron escritos. Llegaron a ser conocidos como koans —que significa «caso público»—, y había una obsesión por coleccionarlos. Un conocido maestro prohibió a sus discípulos que escribieran lo que decía porque pensaba que la gente registraba sus comentarios como sustitutivo de una tarea más necesaria y peligrosa: dejarlos trabajar en la mente. Un hombre, para adaptarse a las circunstancias, asistió con ropa de papel a las charlas, y los apuntes que tomó en las mangas, a escondidas, circularon después por todas partes.[3] Esos koans se convirtieron, a su vez, en el núcleo de una de las grandes colecciones de koans, *Las crónicas del Acantilado Azul*.

Los soldados, las amas de casa, los granjeros y los comerciantes utilizaban los koans para encontrar la libertad en las siempre difíciles condiciones de su época. El método era sumergirte en el dicho y ver cómo te cambiaba. Eso implicaba dejar que el koan te enseñara mediante su interacción con tu vida y tu mente; esa actividad no se limitaba a períodos de meditación formal. La gente cultivaba la tierra, gestionaba el papeleo y criaba a los niños, manteniendo en todo momento la compañía de sus koans.

En una ocasión, cuando las tropas de Gengis Kan arrasaron China en el siglo XII, los gobernadores de las provincias visitaron al kan y se convirtieron en ministros de alto rango. Vivían con él en las estepas, confiando en poder convencerlo de que gobernara las ciudades en lugar de quemarlas y transformarlas en pastizales para los caballos. Sería difícil no sentirse poco preparado, y tal vez aterrorizado, por semejante tarea, y uno de los ministros pidió consejo a su maestro. Lo más útil que se le ocurrió a éste fue compilar koans y poemas en un volumen que tituló *El libro de la serenidad*. Cuando ese libro llegó a las estepas, cuenta la historia, los ministros pasaron toda la noche reunidos en una yurta, leyendo los koans en voz alta. Estaban en una situación dificilísima, por lo que se empaparon de un método que los preparó para aprovechar cualquier pequeña posibilidad que se les presentara.

Hoy en día las cosas no son muy diferentes de como eran en China. Se pide a la gente que sobreviva a los ataques terroristas y a la violencia aleatoria. E incluso el ámbito más doméstico de la vida tiene su cuota de desesperación y problemas insolubles y sus necesidades de bondad inusual. Los koans pueden ser en la actualidad de tanta ayuda como hace siglos.

Cada capítulo de este libro contiene un koan y algunos comentarios al respecto. El koan, en su forma original, se presenta por separado en la página inicial del capítulo. Los comentarios sobre el koan son de diversa índole. A veces te muestran lo divertido que puede ser trabajar con él. A veces relatan la experiencia de una persona —del pasado o contemporánea— que ha trabajado con él. Y a veces muestran situaciones y actitudes más fáciles de entender dentro del estilo de pensamiento koan, que se irá aclarando a medida que avancemos.

En lo que a mí respecta, ¿fui a la India para responder a mis interrogantes, como sugirió mi mentora hace mucho tiempo? Bueno, no literalmente. Resulta que la India, por extraño que parezca, vino a mí, sin que yo se lo pidiera, en forma de koans. El primer capítulo abre una puerta a esos interrogantes al retomar una de las historias más antiguas entre los koans.

I

EL INMENSO VACÍO DE BODHIDHARMA

El emperador Wu de Liang preguntó al gran maestro Bodhidharma:

—¿Cuál es el punto principal de esta sagrada enseñanza?

—Vacío inmenso, nada sagrado —dijo Bodhidharma.

—¿Quién eres tú, que estás frente a mí? —preguntó el emperador.

—No lo sé —dijo Bodhidharma.

El emperador no lo entendió. Bodhidharma cruzó el río Yangtzé y se marchó al reino de Wei.

Más tarde, el emperador sacó el tema en presencia de su consejero, el duque Zhi. Éste preguntó:

—Majestad, ¿sabéis quién era ese sabio indio?

—No, no lo sé —dijo el emperador.

—Era Avalokiteshvara, el Bodhisattva de la Compasión, que llevaba el sello del corazón y la mente del Buda.

De pronto, el emperador se arrepintió y dijo:

—Envía un mensajero a buscarlo.

Dijo el duque Zhi:

—Majestad, aunque todos los habitantes del reino fueran a buscarlo, no volvería.

Olvidar quién eres y no hacer disposición de nada

Estudiar el camino del Buda
es estudiar el yo,
estudiar el yo es olvidar el yo.
Olvidar el yo es ser despertado por diez mil cosas.[1]

Eihei Dogen

Llegó la poesía
a buscarme. No sé, no sé de dónde
salió, de invierno o de río,
no sé cómo ni cuándo,
no, no eran voces, no eran
palabras, ni silencio.[2]

Pablo Neruda

Si estás en un aprieto y nada ha funcionado, quizá pienses que necesitas una forma trascendente de sabiduría en la que confiar. Quizá pienses que necesitas un asidero o un punto de apoyo. Quizá pienses que necesitas mejorar tú o tus habilidades de alguna manera. He aquí un koan que sugiere otra posibilidad: la salida tal vez no dependa de tu mejoría ni de que encuentres un punto de apoyo. He aquí un koan sobre cómo la salida puede aparecer con naturalidad si estás abierto a que se presente bajo una forma desconocida. Este koan también contiene la leyenda de cómo esa conciencia fue llevada a China desde la India.

EL KOAN

El inmenso vacío de Bodhidharma

El emperador Wu tuvo dos experiencias inusuales que cambiaron su vida. Esos acontecimientos esencialmente interiores lo llevaron a ciertos logros que se recuerdan aún hoy, más de un milenio después de su muerte. La primera experiencia ocurrió cuando sus ejércitos tuvieron que repeler una invasión de jinetes del noroeste. Los jinetes llevaban consigo todas sus pertenencias, y no temían la muerte. El emperador había ascendido al trono de la manera habitual, derrocando al debilitado monarca anterior, y creía que comprendía a los jinetes. Para tranquilizar a sus tropas visitó el frente y se sentó a la luz del fuego en una pequeña colina. Fue entonces cuando vivió su primera experiencia singular.

Los pendones batían ruidosamente sobre su cabeza, y era como si tuviera el viento dentro del pecho, golpeando y rasgando. Empezaba a entender algo de la tediosa inmensidad del desierto. El viento lo limpiaba de toda ansiedad y además le quitaba cosas cuya solidez nunca había puesto en duda. Le quitaba el augusto rango y el nombre. Dejó de planificar y también dejó de pensar en el resultado de la batalla. Cuando todo aquello de lo que siempre dependía desapareció, supo de inmediato qué hacer. Al rayar el alba, poco antes de la hora a la que a los nómadas les gustaba atacar, envió jinetes al centro de su campamento y de inmediato los retiró. Mientras los atacantes se acercaban, sus tropas se fueron alejando del centro. Los nómadas cabalgaron hacia el vacío que él había abierto y los atacó por ambos flancos.

Después de su regreso, mientras los ministros celebraban la victoria, el emperador fue al jardín para estar solo. En la montaña se había sentido muy seguro de que iba a vencer. En aquel momento, bajo el viento y rodeado por la vasta geografía, era pequeño e insignificante, y esa conciencia de su escasa importancia le permitía pensar con claridad cómo debía actuar. Ser importante le parecía ahora sólo un prejuicio que lo limitaba.

Una vez que se olvidó de tener un propósito especial en la vida sintió, en la medida de lo posible para un emperador, una gran libertad. Surgían complicaciones. Algunos días pensaba en salir de la habitación, pero no encontraba razones para hacerlo. Todavía concedía audiencias en la corte antes del amanecer, pero a veces lo acosaba una sensación de irrealidad. Deshacerse de sus viejas creencias no había sido tan difícil. No había hecho nada para descubrir esa manera de ver las cosas: se la habían regalado el viento y la guerra. Ahora, tener opiniones sobre la vida —ideas sobre el hecho de ser emperador, sobre su propia dignidad y los motivos de sus ministros, la obligación de odiar a esta persona y admirar a aquella otra— le producía dolor; esas actitudes tan familiares le parecían muros que lo iban cercando. Sin embargo, estaba seguro de que algo escapaba a su comprensión. Cumplía con su deber y no lloraba sus viejas certezas, pero le faltaba placer. La vida tenía que ser algo más que la libertad que otorga el sinsentido.

El emperador buscó indicios en el mundo. Advirtió que sentía remordimientos por los asesinatos ocasionados por su ascenso al trono. Lo que él concebía como escrúpulos fue el inicio de una nueva curiosidad sobre su propia vida. Al mismo tiempo comenzó a recibir a maestros famosos que estaban de paso por el lugar. A veces resultaban útiles. Con frecuencia lo elogiaban y le daban consejos sosos, que a menudo incluían dietas. A veces hasta eran buenos consejos, pero la duda que tenía era como un sentimiento —una mezcla de emoción y desasosiego difícil de formular— sobre el que no parecían influir los consejos.

Entonces el emperador oyó hablar de un sabio indio. Ese hombre era una leyenda; se decía que había tardado tres años en cruzar los mares. El emperador nada sabía del mar, pero imaginaba las olas como la hierba de las estepas bajo un fuerte viento. Trató de pensar en China como un océano que surcaba, y en los nómadas como piratas a caballo. Aunque sus propias obligaciones le impedían emprender tales viajes, respetaba esas hazañas.

Cuando el sabio llegó a la corte, resultó ser un verdadero bárbaro: pelirrojo, de ojos azules, envuelto en harapos. Se llamaba Bodhidharma, pero ése no era un nombre propio, sino una especie de título en sánscrito. La vestimenta de los ministros era magnífica, y en la sala de audiencias roja y dorada el visitante se las arregló para pasar inadvertido, lo cual era un logro para un bárbaro. No tenía aire de desposeído ni de pobre; el principal contraste con los ministros no estaba en cómo iba vestido. En un lugar donde todos buscaban algo, él no lo hacía. La jerarquía de los ministros se mostraba mediante diferencias en las insignias y la vestimenta; el sabio no reclamaba nada en cuanto a jerarquía. No buscaba atraer la atención del emperador ni se escondía. Se quedó en silencio, y su presencia tuvo un efecto sobre la corte hasta que todos se callaron. El emperador advirtió que sus propios pensamientos eran cada vez más sencillos; recordó el sabor de la sopa de verduras.

«Hasta el palacio más elegante —pensó el emperador— es también una carga.»

Después se levantó como para acercarse a la quietud del visitante.

Deseaba encontrar un camino más profundo en su propia vida, y dijo:

—He fundado muchos monasterios. ¿Qué mérito tiene eso?

—Ningún mérito —dijo Bodhidharma.

Sobresaltado, el emperador pensó: «¡He aquí alguien que sabe! No se trata de construir cosas. Se trata de deshacerlo todo».

Comprendió entonces que había vuelto a ser emperador y que subestimaba al sabio y quizá a sí mismo. No se había atrevido a hacer una pregunta importante para su propia vida. Lo asaltó el recuerdo de una colina y de una batalla. Había carecido de lenguaje para expresar la experiencia, y no había tenido a nadie al lado que le dijera: «Sí, yo veo lo mismo». Ahora el emperador sentía la presencia del hombre como una forma de compasión, que anhelaba explorar.

—¿Cuál es el sentido principal de esta sagrada enseñanza?

—Vacío inmenso, nada sagrado —respondió Bodhidharma.

De nuevo la voz queda que no pedía ser escuchada. Los sentidos del emperador se aguzaron. Era como si los dos hombres estuvieran sentados juntos en un banco del jardín de un templo con todo el tiempo del mundo. Quería llegar a la mente del otro hombre, o quizá profundizar en su propia mente. Se le ocurrió algo extraño: «Si soy emperador, ¿cómo puedo ser también persona?». Y preguntó a Bodhidharma:

—¿Quién eres tú, que estás delante de mí?

—No lo sé —dijo Bodhidharma.

Esa declaración paralizó por completo al emperador, que empezó a notar una deliciosa insustancialidad. La tristeza del emperador por las cosas vergonzosas que había hecho desapareció, cayó en ese vacío. También desapareció la preocupación del emperador por cuándo llegarían más ataques del norte. No lograba encontrar a un emperador dentro de sí mismo.

Se veía capaz de muchas cosas, pero aún le faltaba algo; las palabras «No lo sé, no lo sé» se le habían grabado en la mente como el verso de una canción. Durante un rato caminó solo, con una sensación de alegría. A su alrededor, el vacío fluía en todas direcciones. Luego, mientras miraba a su alrededor, el palacio volvió y los funcionarios de la corte empezaron a cuchichear entre ellos. Le fascinaba lo claro que estaba todo. Alguien más habló, y Bodhidharma comenzó a retirarse, como si él mismo fuera un hechizo que se había roto. Si se hubiera quedado, el «No lo sé» quizá habría perdido su poder. En el palacio, sólo una persona notó su marcha.

Más tarde, el emperador planteó este asunto a su consejero, el duque Zhi. El consejero le preguntó:

—Majestad, ¿sabéis quién era ese sabio indio?

—No, no lo sé —dijo el emperador, comprendiendo lo mucho que los emperadores dan por sentado.

—Era Avalokiteshvara, el Bodhisattva de la Compasión, que llevaba el sello del corazón y la mente del Buda.

Arrepentido, el emperador dijo:

—Envía un mensajero a buscarlo.

—Majestad, aunque todos los habitantes del reino fueran a buscarlo, no volvería —dijo el duque Zhi.

—Lo he conocido pero no lo he conocido —dijo el emperador, sobre cuya tumba acabarían poniendo esas palabras.

Ésa era su manera de expresar su propio «No lo sé».

Después el emperador notó más cosas sobre su propia vida. Notó que, cuando no esperaba que la gente lo complaciera, disfrutaba viéndola. Eso parecía un indicio. Descubrió que le gustaba construir templos; no era cuestión de deber. Luego fue más lejos. El emperador se entregó a los templos como esclavo, buscando la libertad interior en una estrechez exterior, olvidando cómo ser emperador. En esos momentos se sentía lleno de amor. Cavó zanjas y plantó jardines. No era un emperador o un asesino: la obra le quitaba su sentido de sí mismo. Como el sabio indio, no sabía quién era, y fue libre hasta que volvió a ser él mismo. La estrategia también resultó una excelente manera de recaudar fondos para los templos, ya que el juego consistía en que sus ministros tenían que rescatarlo con enormes regalos. Y disfrutaba atormentándolos de esa forma tan benévola. Una vez rescatado, vivía contento en el palacio por un tiempo, hasta que la sensación de asfixia y de exceso se volvía insoportable; entonces se entregaba a un templo y volvía a ser jardinero.

Bodhidharma se fue sin llevarse ni una sola opinión sobre el emperador, y se quedó durante nueve años en las montañas frente a un acantilado. «No lo sé» es un murmullo que se repite siglo tras siglo. La gente espera y vive dentro de interrogantes; los errores permiten atravesar puertas. La idea de que hay una sabiduría que el universo te da sin referencia a maestros o escrituras ha llegado de Bodhidharma hasta el lector de esta página y ocurre en este momento.

TRABAJAR CON EL KOAN

Un hombre está locamente enamorado un día, y al siguiente sólo le interesa ir a pescar. Un país hace con sumo esfuerzo una alianza y en el plazo de un año cambia de parecer. Eso no es sólo volubilidad y avaricia. Hay en las razones, los motivos y la identidad de los seres humanos cierta insustancialidad. Si hacemos una expedición para conocer tribus exóticas como las que fotografía *National Geographic*, quizá descubramos que poseen ejemplares de la revista y llevan zapatillas de marca y camisetas con fotos de cantantes de hip-hop.

Lo que creemos acerca de nosotros mismos no supera ningún examen, por lo que siempre existe el problema de describir la propia vida de una manera plausible. Los maestros antiguos llamaban a esta insustancialidad «vacío». Pensaban que, contrariamente a la idea medieval de que de la nada no puede salir algo, todo lo que hacemos sale de la nada.

A veces, al despertar, te preguntas: «¿Dónde diablos estoy?». En un despertar más confuso, la pregunta fugaz es: «¿Quién soy?», o incluso «¿Qué soy?». Esos momentos, cuando abres los ojos y ves el mundo como por primera vez, como un recién nacido, pueden ser deliciosos. Con la incertidumbre llega una sensación de libertad.

En la tradición zen, se nos interroga acerca de las tres respuestas de Bodhidharma: «Ningún mérito», «Vacío inmenso» y «No lo sé». Se puede empezar por la idea de la falta de mérito.

Ningún mérito. ¿Cuánto haces para que te elogien? ¿Cuántas cosas dices para impresionar a los demás? ¿Qué es lo que de verdad logras cuando tratas de dejar huella? ¿Y qué cálculos tienes que hacer? Si no te impulsara el afán de mérito y superación, o si al actuar carecieras de motivos, ¿cómo sería la vida? ¿Cómo sería estar en el trabajo, en la cama, a solas en una habitación? Incluso en esas circunstancias puede que te consuma el deseo de que otras personas te vean con buenos ojos. ¿Te imaginas cómo serían las cosas sin ese tipo de deseo?

Un gran vacío, nada sagrado. ¿Cómo es la mente si no está ocupada por planes y proyectos, y teme que los planes y los proyectos fracasen? ¿Qué pasaría si tus inexploradas creencias se desvanecieran y tuvieras que vivir sin ellas, y también sin la idea de que has renunciado a algo?

No lo sé. Si dejaras de lado lo que sabes por lo que te han contado los demás, ¿cuánto de lo que sabes lo sabes por ti mismo? Si buscas el origen de tus pensamientos, de tu vida, de tu universo, ¿lo encuentras? ¿Descubres de dónde viene o hacia dónde va este momento?

Conduciendo de vuelta a casa desde un retiro entre las secuoyas, llego al pequeño pueblo de Occidental y, al ver tiendas y casas, comprendo: «Ah, el siglo XXI». Pero como he pasado una semana olvidando qué anticipar y olvidando quién soy, no me sorprendería que fuera cualquier siglo.

Un amigo muy interesado en la forma en que la mente procesa la felicidad o la infelicidad pasó una tarde con un maestro hindú. Durante la conversación, le hizo al maestro una pregunta retórica:

—¿No tiene al menos la certeza de que es un ser humano?

El maestro respondió:

—En parte.

No era la respuesta que mi amigo esperaba. El hilo de su pensamiento se cortó, y pensó si él mismo tenía la certeza de que era un ser humano. Lo envolvió un gratificante silencio y advirtió que había dejado la conversación en suspenso. Al levantar la mirada vio que el maestro se reía.

No saber puede ser liberador. Este amigo está casado con una mujer que tiene hijos de un matrimonio anterior. Una mañana, su hijo pequeño apareció en pijama y dijo:

—Me duele mucho la cabeza.

La madre del niño se apresuró a decir:

—Quizá porque comiste demasiado helado anoche.

Entonces el hombre dijo:

—Quizá porque no comiste suficiente helado anoche.

Todos se rieron porque cualquiera de las dos afirmaciones podía ser verdadera o falsa. Al no saber por qué le dolía la cabeza al niño, todos se sentían libres.

Los viejos maestros pensaban que no saber es entrar en la vida sin repetirse. Es olvidar los prejuicios y las comparaciones que dicen: «Soy mejor que tú, soy peor que tú, soy bueno en esto, soy malo en aquello». Si practicas la actitud del «no lo sé» durante el tiempo suficiente, quizá logres aprender a hacer bien cualquier cosa.

Aunque el vacío es lo que queda cuando quitas los pensamientos y creencias que has construido alrededor de un hecho, el no saber es una forma de moverse en ausencia de tales pensamientos. Se trata de una posibilidad creativa. El no saber quién eres te permite conocer un hecho sin dar por sentado que es otra cosa, algo que ya ha pasado antes. Entonces puedes experimentar lo que sucede: algo impredecible, delicioso, peligroso; por ejemplo, comer un helado o caminar por la calle.

2

EL PERRO DE ZHAOZHOU

Alguien le preguntó a Zhaozhou:

—¿Un perro tiene la naturaleza de Buda?

Dijo Zhaozhou:

—No.

El secreto de cambiar de actitud

> Yo quisiera rogarle lo mejor que sé, querido señor, que tuviera paciencia frente a todo lo que no esté resuelto en su corazón, y que intentara encariñarse con las preguntas mismas como si fuesen habitaciones cerradas o libros escritos en un idioma muy extraño. No busque usted ahora las respuestas que no se le pueden dar, porque no podría usted vivirlas. Y de lo que se trata es de vivirlo todo. Viva usted ahora las preguntas. Tal vez luego, poco a poco, sin darse cuenta, un día lejano viva usted en plena respuesta.[1]
>
> Consejo de Rainer Maria Rilke
> a un joven poeta

Los koans están concebidos para provocar un profundo cambio de actitud. ¿Cómo se produce este cambio? Se parece a lo que dijo Hemingway sobre la caída en la miseria: sucede de dos maneras, «primero despacio, después rápido».[2] El propio cambio es como atravesar una puerta. Al otro lado está el mismo mundo conocido de siempre, pero los ojos con los que ves son diferentes, y eso lo convierte en un mundo nuevo donde las cosas nuevas son posibles. Puede que te cueste expresar lo que has descubierto y explicar una alegría que nace del simple hecho de estar vivo. Sin embargo, ese cambio es una experiencia real que modifica el escenario en el que te hallas. Se podría decir que empiezas a identificarte con lo que antes era el fondo. Y lo que considerabas problemas resultan ser sólo problemas aparentes, cosas en primer plano. En la tradición koan, a ese descubrimiento se lo denominaba «intimidad», y se lo consideraba un encuentro con la realidad. Este capítulo te mostrará un koan que suele utilizarse para hacer que la gente cruce esa puerta, y te permitirá acercarte a la sensación que produce trabajar con ese koan. En primer lugar, dar con un koan es parte de la preparación para trabajar con él, y por tanto una parte legítima del camino hacia el koan. Es como si el koan empezara a funcionar en cuanto avanzas hacia él.

ENCONTRAR EL KOAN

Sabía que quería algo pero ignoraba qué. Así que fui a trompicones en dirección a lo que podría resultar de utilidad. Unos maestros tibetanos llegaron a Australia y ofrecieron un retiro de silencio de un mes de duración en las colinas de las afueras de Brisbane. El lugar era exuberante, subtropical y preciado por los mosquitos. En la práctica, la gente tenía diferentes conceptos de silencio, así que quienes creían que significaba no hablar usaban cintas para identificarse. Yo era uno de los fanáticos de la cinta. Los lamas[3] ignoraban por completo cómo funcionábamos los occidentales, y solíamos hacer sesiones de meditación de dos horas y media. Sin embargo, la incomodidad de estar con mis pensamientos era mayor que la de estar con mi cuerpo.

Un lama hacía de policía bueno y hablaba de lo maravillosa que era la iluminación. El otro lama hacía de policía malo —austero, monástico, mojigato— y hablaba largamente de cómo hacía sufrir el deseo. Me obligaba a imaginar cómo mi novia se volvería vieja y fea y cómo moriría y se pudriría. También cómo envejecería yo y me afearía, etcétera. Me parecía que, si bien las observaciones eran ciertas, esos asuntos ya se comprendían bien y ofrecían poco progreso para responder a mis preguntas. Cuando la gente mostraba síntomas de angustia, el lama introducía la idea de los reinos infernales después de la muerte. Era un Hermano Cristiano disfrazado: algunas de sus palabras eran en realidad metáforas útiles para los procesos mentales, y otras parecían meramente medievales. Sentía por él un satisfactorio desagrado. La gente del retiro se escabullía para comer pastel de carne o tener aventuras amorosas, y aunque esas posibilidades me interesaban, ya las conocía, y quería dar con algo que no conociera. Eso fue en sí mismo un descubrimiento: yo había pensado que descubrir lo que realmente sucedía exigiría mucha abnegación. Era, sin embargo, cuestión de encontrar qué quería de verdad. Algo que me parecía más interesante que las otras opciones. Así que supongo que estuve de acuerdo con el lama austero al extremo de perseverar hasta el final.

Un día, mientras el lama desagradable instruía sobre la naturaleza de la mente, descubrí de improviso que lo que decía era fascinante. Me corrían lágrimas por las mejillas. «Ah —pensé, empleando palabras curiosamente profundas y rebuscadas—, esto es como estar con los sabios del pasado», y con percepción cristiana sentí que pisaba el polvo de Galilea, como si caminara con Jesús por la orilla del agua. A partir de ese momento empecé a apreciar un humor entre alegre y macabro, del estilo de los Monty Python, en los cuentos infernales del lama, y a escuchar con mayor atención sus enseñanzas, aunque todavía no me gustaba demasiado. Lo que saqué de esa experiencia fue comprender que no me interesaba mi propia opinión sobre el lama. Eso era una inversión de la forma en que siempre había funcionado. Vi que lo que yo creía desear quizá no era, en realidad, lo que deseaba. Más adelante, en ese mismo retiro, encontré koans en un libro y vi que trataban ese tipo de inversión. Un koan nos llega como una canción o un poema. Si te parece interesante de alguna manera profunda, es para ti. El koan que sigue es el primer koan con el que trabajé. Circula desde hace mucho tiempo, y durante los últimos mil años ha encabezado las listas de éxitos como primer koan. Es apenas un fragmento de una vieja historia, y muy sencillo.

• • •

EL KOAN

El perro de Zhaozhou

Alguien le preguntó a Zhaozhou:

—¿Un perro tiene la naturaleza de Buda?

Dijo Zhaozhou:

—No.

TRABAJAR CON EL KOAN

Zhaozhou era un minimalista. Debía de esperar que su respuesta de una sola palabra bastara para abrir las puertas del corazón. «La idea de que sabía lo que hacía —razoné— es más interesante que lo contrario.» Entonces, ¿qué hacer con esa palabra? Se dice que una vez, cuando Robert Creeley[4] leyó algo como parte de una clase que estaba dando, un estudiante preguntó: «¿Es un poema de verdad o se lo ha inventado usted?». Yo tuve que inventar cómo trabajar con un koan. Los libros que leí decían que necesitabas un maestro, quién sabía a qué peligros mentales te enfrentabas si no tenías un maestro, etcétera. Dado que estaba en Australia, un consejo así me habría limitado a jugar al críquet en el monte con los canguros. Por supuesto, lo ignoré.

La parte del perro del koan no me atrapó. Los perros pastores de conducta respetable son bienvenidos en mi paraíso personal, y la naturaleza de Buda me pareció otra manera de referirse a la naturaleza, algo ya sagrado. Tomé la pregunta como: «¿Un perro tiene valor?

¿Yo tengo valor... cuando estoy enfermo, cuando me avergüenzo, cuando me aburro, cuando no tengo dinero? ¿Mi amigo tiene valor? ¿Y qué hay de mi enemigo? ¿Puedo amar la totalidad de la vida?». Sabía que no podía amar la totalidad de mi vida, así que ése era un lugar prometedor para empezar. Además, no me importaba si mis propias y poco coherentes perplejidades estaban incluidas en la pregunta sobre el perro formulada por una persona con sus propias y dolorosas dudas mil doscientos años antes. Mis preguntas no eran mejores que las suyas. Eso lo convertía en camarada.

Resultaba fácil concentrarse en la respuesta de una sola palabra: «No». Parecía que una manera de trabajar con un koan era meterse en él de lleno. Eso me resultó difícil al principio. El ansia de querer penetrar en el koan era tan frustrante como la de un niño que quiere montar en bicicleta. Me picaba la cara y me consideraba un fracasado. Meditaba —intentando ser discreto— en parques, iglesias, montañas, trenes, la Biblioteca Parlamentaria de Queensland y el comedor del Senado en Canberra. Cuando salía, las moscas de los arbustos (el ave nacional australiana) se me metían en los lagrimales en busca de humedad.

Los koans requerían una humildad que no es más que un acercamiento sencillo a la vida, sin dramatismo y sin segundas intenciones. Yo no tenía grandes reservas de esa humildad, que debía aparecer por su cuenta, dado que desconocía su necesidad. Poco a poco dejé de esperar las cosas que normalmente esperaba. No sabía qué grado de dificultad se correspondía con mi problema, y después de un tiempo no me pareció ni difícil ni fácil. Cuando resolví —o más bien comprendí— que, aunque no llegara a ninguna parte con el koan, me quedaría con él por el resto de mi no muy importante vida, se me ablandó un poco el corazón. Me permitió seguir meditando de la misma manera, sin quejarme. En ese tiempo yo militaba por el derecho a la tierra de los aborígenes y las reuniones se celebraban a menudo en pubs, así que aprendí a meditar borracho y después descubrí lo aburrida que era mi mente cuando estaba bebido. Mi intención era, por encima de todo, meditar.

Unos años más tarde me encontré al amanecer golpeando con un mazo de madera una gran campana colgante japonesa. Por los lados, la campana tenía manillas de bronce que parecían un peinado vanguardista, y emitía notas fuertes y metálicas con el aleteo de armónicos que los guitarristas llaman mariposas. Desde donde yo estaba veía de cerca guayabas, papayas y yambos, y a lo lejos el océano en Maui.[5]

Teníamos un pequeño *cargo cult* en el que nos habían enseñado a practicar el budismo zen de una manera más o menos japonesa. En los *cargo cults* originales, los habitantes de Nueva Guinea veían aterrizar aviones que desembuchaban cosas: comida, ropa, medicinas, máquinas de escribir, Margaret Mead. Adoptaron entonces una metáfora de caza: limpiaron las pistas de aterrizaje y construyeron sus propios aviones con madera contrachapada y chatarra. Eran señuelos para atraer a otros aviones con su carga. En Hawái, fingíamos ser japoneses para atraer un cambio de actitud.

Túnicas negras, incienso, reverencias, un libro de frases japonesas de Berlitz. Venía gente de toda clase, desde poetas ganadores del Premio Pulitzer y hombres de negocios, en el extremo superior, hasta, en el otro extremo, cultivadores de droga, psicoterapeutas y australianos. Puede que fuéramos chusma, pero éramos una chusma sincera.

El maestro tenía una historia magnífica; durante la segunda guerra mundial había estado preso en Japón y el poeta y traductor R.H. Blyth le había hablado de los koans. Había recurrido a él por la excelente razón de que era la única persona que respondía a las cartas desde Australia. Él no había vivido ninguna experiencia de iluminación, decía, pero poseía una especie de libro de recetas de su maestro que le permitía guiar a la gente por los koans. Convenía tomar todo eso con sentido del humor, y lo extraño fue que me funcionaba.

Lo nuevo para mí era la concentración. No se trataba de un cambio de actitud, pero era algo en lo que podía trabajar directamente. Era como el hombre que había perdido las llaves del coche en un callejón oscuro pero las buscaba bajo una farola. «Aquí hay más luz», explicaba. Esperaba que, si me quedaba muy, muy quieto y dejaba la mente en blanco, me caería un rayo. Difícil. Pero poco a poco las cosas se fueron aclarando. Me conduciría a mí mismo y al final de un retiro me desesperaría por haber perdido otra oportunidad de entender algo más allá de mi pequeña y triste personalidad. Mi pequeña y triste personalidad también se desesperaba, y en los buenos momentos empecé a divertirme con ella.

Llegó de visita un gran profesor japonés y fui a verlo con enormes esperanzas de que de algún modo, quizá ahora, por qué no ahora, si estaba totalmente atento, brotaría en mí una experiencia. Me miró abrumado y crispado, y pacientemente me explicó los primeros pasos de la meditación. «Toma este koan y deja que te acompañe día y noche...»

Luego fui a un retiro de siete días para el que estaba bien preparado. Por la noche, mientras mis amigos se divertían en la playa, yo me quedaba en casa y meditaba. Pensaba que sería sumamente responsable y que haría el retiro sin distracciones. Al cabo de un par de días, mi mente estaba clara y profunda, y después, de repente, dejó de estarlo. Pensamientos descabellados y absurdos se multiplicaban en imágenes, canciones, recuerdos de la primera infancia y recuerdos que yo no podía tener. Mi mente carecía de patrón, y no podía empezar a controlar los pensamientos. Lo había hecho todo bien y ése era el resultado. Había fracasado. Apareció un pequeño pensamiento: «Entonces esto debe de estar bien». Dejé que mi mente fuera lo que quisiera ser, y enseguida se calmó. Tenía la sensación de estar al borde de un gran abismo y de que debía reunir el valor para lanzarme a él. Pero no podía, no sabía cómo. Estuve atrapado allí un día o dos, tratando de vencer el miedo. Entonces me dije: «De acuerdo, tienes miedo», y el miedo desapareció instantáneamente. Brotó otro pequeño pensamiento: que yo era el koan «No». Empecé a sentir una conexión con el universo. Me parecía muy gracioso que me hubiera esforzado tanto tiempo por encontrar un lugar en el universo cuando no podía salir del universo. Era como si una ola luchara por entender qué era el mar. Me eché a reír.

El maestro disponía de un buen conjunto de preguntas para comprobar si de verdad estabas viviendo una experiencia profunda. Esas preguntas, junto con las posibles respuestas, habían sido transmitidas oralmente por Hakuin, un maestro japonés del siglo XVIII.[6] Me conmovió mucho que Hakuin hubiera pensado en nosotros a través de los siglos y los océanos, y descubrí que las preguntas me ayudaban a encontrar un lenguaje para mi experiencia. Eran extrañas pero no aleatorias: preguntas como «¿Cuán alto es *No*?» y «Explícale el *No* a un bebé». Las preguntas me demostraban que en la vida que vivo cabe una experiencia espiritual. Así que me reía en secreto porque la vida era muy obviamente íntima y tierna. Esa risa duró meses. La experiencia que tuve no era algo en lo que pudiera creer; era más bien una percepción y una manera de ver. También descubrí que no corría el riesgo de convertirme en santo ni de conocer todas las respuestas. Sencillamente, algo en mi corazón estaba en paz y el mundo parecía un lugar mucho más amable. Los demás parecían más amables que yo, y les agradecí que me esperaran hasta que lo descubriera. El mundo rebosaba de luz por debajo de la superficie, incluso cuando surgían dificultades. Estaba empezando a amar la vida en general.

• • •

Podría ser útil ver otro testimonio más breve y reciente de una mujer del norte de California.[7] No le interesaba la meditación ni la estética japonesa, pero era pianista y le intrigaba el aspecto de los koans como arte. Esto es lo que dijo:

> «No» fue un proceso increíble para mí. Me ocupó un año y medio. Llevé un diario y tuve sueños importantes. Una y otra vez me acercaba a mi maestro y le decía: «Es esto» o «Es aquello». Durante mucho tiempo el maestro rechazó mis respuestas y eso me dio confianza, puesto que yo misma no las creía. «No» alejó otros pensamientos. Percibía los sitios familiares como si nunca los hubiera visto. Al principio fueron breves episodios, y luego todo se volvió más coherente. Descubrí que podía sobrevivir a la frustración y al continuo y atormentador «No lo sé». Me sentaba y era «No», y por la tarde estaba muy cansada y era «No». Por la noche se producía un estallido de energía y seguía siendo «No». Me desconecté de mi situación; lo que sucedía en mi mente era sólo algo que sucedía en mi mente.
>
> Me bloqueé. «¿Por qué continuar? —pensé—. De todos modos, esto no se me da bien. ¿Por qué pensé que podrían admitirme?» Era importante superar la dificultad, y me ayudó que me animaran a analizar la situación y a valorarla. Comprendí que, si prestaba atención, se abrían pequeñas cosas, pequeños detalles. Clasificaba semillas, como en el mito de Afrodita y Psique. Pensaba que recibir el encargo de realizar una tarea puede ser una forma de bendición.

Una vez, cuando también trabajaba con «No» en un retiro, tenía conmigo a mi hijo y a un amigo suyo. Pensé: «Bueno, deberé trabajar en esto. Deberé seguir actuando como madre». Sin embargo, cuando fui a cuidar a los niños, comprobé que estaban bien y que sólo necesitaba seguir allí y disfrutarlos. Corrían y gritaban y hacían lo que hacen los niños. Lo que querían era que escuchara sus historias, y cuando sentí que sus historias de niños me invadían, fue otro momento de talidad [naturaleza verdadera y esencial de las cosas], como ver la luz del sol derramándose sobre el suelo de madera. No se me exigía nada. Antes tenía la sensación de que cuando ves la talidad de las cosas es porque te has convertido en algo especial, pero entonces me di cuenta de que las cosas son así. Yo no iba al mundo: el mundo venía a mí.

Tiempo después, en un retiro, hicimos meditación mientras caminábamos hacia el aparcamiento. Me dije: «Ésta es una procesión real». Observé que el hombre que iba delante llevaba una camisa de seda negra con acabado mate. Las ramas de secuoya se abrían delante de mis ojos y luego surgió esa cosa difícil de describir, la nada, ese estruendo de pasado, presente y futuro, sin separación entre pasado y presente. No hay un yo, ninguno en absoluto. Las secuoyas se separaron y todo era blanquecino y granular, en partículas, como si se viera entre los átomos. Quién sabe cuánto tiempo duró aquello, pero al regresar descubrí que seguía caminando, y mi pensamiento inmediato fue: «Espera, tengo que quedarme con alguna palabra», y fue como: «Bueno, si insistes en volver a este pequeño mundo y llevarte una palabra, aun después de que se te haya mostrado todo, esto es lo que recibes: *No otra*».

Entonces empecé a acercarme mucho a mí. Levantaba el pie y decía: «Aquí hay un *No* pie. ¿Qué tamaño tiene *No*? Yo tengo *No* tamaño». En ese momento, el sentido de pertenencia era muy directo y obvio. Miraba el suelo de madera y veía que esas células me pertenecían. Miraba la piedra y la piedra hacía lo que hacen las piedras. No hay separación, nada entre la piedra y yo, nada entre nada. Además, cuando pronuncio una palabra, creo el mundo. Esto llegó con la deliciosa sensación de que hasta ese momento nunca ha pasado nada. Además, por supuesto, todo continúa aunque esté loca o triste o me case o cualquiera de esas cosas. Todo sucede sin necesidad de que yo haga nada. El maestro, sin embargo, seguía rechazando mi respuesta.

Entonces el «No» empieza a cambiar y yo empiezo a seguir adelante. Se convierte en un campo de posibilidades. Me quedo en ese lugar otros seis meses. No necesito poseer nada. Ya he poseído todo y lo he sido todo. La idea de que un maestro confirme esto parece totalmente ridícula.

Tiempo después, trabajando todavía con el «No», volví a un retiro en el bosque de secuoyas y entré en el baño de la primera planta. Aunque lo limpiaban regularmente, ese baño siempre olía a pis. «No» pasó a ser todo ese aroma y esencia de pis. No sentía atracción ni rechazo; no había nada más en el mundo. No tenía que vivir con el aroma del pis, pero sí con ese descubrimiento: sin atracción, sin rechazo, sin hacer, sin elegir. Utilizaba las herramientas que

> tenía a mi alcance, en este caso el pis. «¿Qué otras herramientas —pensé— podría utilizar?» Después de eso logré responder a las preguntas del maestro, y el maestro finalmente me aprobó con respecto al «No».
>
> Por obra de los koans dejé de intentar mejorarme. El koan me había hecho interesarme más por mi vida real y menos por una vida ideal o espiritual. Hay una sensación de permanecer con las cosas, y de compromiso como en mi matrimonio, pero al mismo tiempo no hay miedo de lo que podría pasar si algo no funcionara. La verdad es que no me importa si estamos en esta casa o si tenemos ese televisor. Hay cosas que me importan, pero puedo perder un brazo y seguir siendo yo misma. ¿Puedo perder ese mantel? ¡Sí! Y si pienso que algo no funciona, probablemente no funcione. Cuando me apoyo en lo que no sé, me hago cargo.

Para esa mujer, el momento de conocer el universo llegó al conocer una parte: un pensamiento, una camisa de seda negra, frondas de secuoya, desenredar el pelo de un niño, el olor a orina, el grano de arena de Blake. Esto plantea una pregunta profunda. Mi propia experiencia con el koan «No» no cambió inmediatamente el rumbo de mi vida, aunque poco a poco fue socavando las murallas que había construido contra la vida. Más bien, el koan me puso la mente a cero. Aprender fue más fácil desde que perdí la vergüenza de no saber aún. Sin embargo, tenía que seguir aprendiendo, o no, todo aquello que era incapaz de hacer.

Y he aquí algunas preguntas interesantes que he estado haciéndome sobre el arte en este koan: si una experiencia normal puede ser extática, ¿no podría ser normal el momento en que ocurre un cambio profundo de actitud? ¿Podría esa apertura del entendimiento estar ocurriendo todo el tiempo, inadvertida, un secreto a plena vista? ¿No podría ser algo que ocurre ahora mismo? ¿Es posible que el lugar que todo el mundo siempre busca estuviera aquí, ahora? ¿Podría ser esa apertura el estado natural de la mente?

3

RINOCERONTE

Un día, Yanguan llamó a su ayudante:

—Tráeme el abanico de rinoceronte.

Dijo el ayudante:

—Está roto.

Dijo Yanguan:

—En ese caso, tráeme el rinoceronte.

Encontrar lo inconcebible

A veces he creído en hasta seis cosas imposibles antes del desayuno.[1]

La Reina Roja, según Lewis Carroll

En ocasiones pensamos en la conciencia como si fuera una lámpara, que proyecta un cono de luz dorada sobre la superficie de un escritorio. Fuera del círculo amarillo todo es oscuro y desconocido. La forma habitual de abordar las cosas es tratar de ampliar el círculo amarillo hacia la oscuridad. O quizá acercar objetos desde ésta. Eso significa trabajar a partir de lo que puedes imaginar, de la zona brillante de lo que ya conoces. Pero este koan enfoca las cosas al revés. Aquí tu sostén es lo desconocido, lo inconcebible. La mayor parte de la vida es inconcebible; ni siquiera logramos concebir del todo la mano izquierda, aunque puede resultar muy útil. Y si te esfuerzas por concebir lo que hace tu mano, no tocarás muy bien el piano. Lo inconcebible es la fuente de todo lo que cobra vida. Este koan no sirve para dar a conocer lo desconocido. Es, en cambio, un ejercicio de confianza y confraternidad con lo inconcebible que utiliza un hecho casual para iniciar una exploración de los campos no iluminados.

EL KOAN

Rinoceronte

El maestro zen Yanguan[2] tenía un ayudante que había llegado desde el desierto siguiendo la Ruta de la Seda. Ya en China, se quitó los zapatos y de ellos cayó arena negra. En la casa de Yanguan le encomendaron la tarea de preparar té, recibir mensajes y esperar hasta que lo necesitaran.

La gente acudía a Yanguan porque sufría y no sabía qué otra cosa hacer. El ayudante solía estar presente en las conversaciones públicas del maestro, y éste notó que Yanguan tenía el don de escuchar sin establecer distancia entre él y los visitantes. Pronto el ayudante, que se había considerado un mero testigo, se sintió atraído por las historias que oía. Comenzó a perder el equilibrio gran parte del tiempo. Esa sensación empeoraba porque con Yanguan nunca sabía si estaba en una conversación normal.

—Todas nuestras conversaciones son normales —decía Yanguan.

—Entonces, ¿por qué me cuesta tanto estar de pie? —preguntó el ayudante.

—No hace falta estar de pie.

Y allí estaba él, otra vez sin equilibrio. Curiosamente, ese desequilibrio le dio esperanzas y lo llevó a quedarse con su maestro.

Un viajero le había regalado al gobernador un abanico de cuerno de rinoceronte y, cumpliendo la regla zen de que los objetos caros e inútiles afluyen hacia quienes no les otorgan importancia, el gobernador le había regalado el abanico a Yanguan. Todo el mundo se olvidó del asunto, hasta que un día de verano Yanguan pidió:

—Tráeme el abanico de rinoceronte.

—El abanico está roto —dijo el ayudante.

—En ese caso —dijo Yanguan—, tráeme el rinoceronte.

El ayudante se quedó mudo.

Otro de los presentes, Zifu, dibujó un círculo y escribió dentro los caracteres de la palabra *rinoceronte*.

Cuando Yanguan pidió que le llevaran el rinoceronte, el ayudante se quedó helado. El pegamento que conectaba un pensamiento con otro y ese par de pensamientos con otro par y así sucesivamente —el pegamento que creaba su realidad— no había surtido efecto. Y esta vez no recuperó el equilibrio. En su silencio había una duda que se extendió rápidamente a todo. Yanguan le había dicho que la duda es un estado espiritual valioso, pero no lo había entendido. Ahora veía que esa duda era una forma de inmensidad. Destruía cualquier pensamiento trivial; en realidad, casi cualquier pensamiento. Su rinoceronte era una duda sobre todo él: no podía estar seguro de su nombre, de sus propósitos, ni siquiera de la naturaleza de un árbol. No podía defenderse, no podía hablar por sí mismo, ya que, en ese momento, no era alguien a quien defender o por quien hablar.

Todo esto ocurrió en un abrir y cerrar de ojos. Yanguan acababa de pedir el rinoceronte, y Zifu, el otro estudiante, estaba dibujando los caracteres. El ayudante estaba fascinado por los movimientos del pincel, que parecían los adecuados. Era un gesto perfecto entre muchos otros: la diversión de Yanguan, la jarra en el suelo.

Otros momentos y ocasiones adquirieron de repente sentido para el ayudante. Recordó momentos en los que había oído el sonido de un mazo, o visto gansos volando en una asimétrica formación de V, y de alguna manera asoció lo que había visto y oído. Durante horas se había sentido exaltado y expandido.

Una vez, un visitante le preguntó al viejo maestro:

—¿Cuál es el verdadero cuerpo del gran Sol Buda?

El ayudante soltó un gemido por lo bajo. Ni siquiera él podía entender lo que significaba la pregunta, que no parecía tener relación con la vida real del hombre. Sin embargo, el ayudante aprendía algunas cosas: vio que estaba incómodo porque sus propias preguntas también eran así, pensadas para ocultar su impotencia y su miedo.

Sin embargo, a Yanguan no lo provocaban ni la impotencia ni el miedo, y dijo con suavidad:

—Pásame esa jarra de agua.

La jarra era del nuevo estilo —blanca, con un pez azul—, y también había sido enviada por el gobernador. El hombre se la acercó.

Entonces Yanguan dijo:

—¿Podrías ponerla donde estaba?

El visitante hizo lo que le pedían. Estaba ansioso por volver a su importante pregunta, que repitió.

—¿Cuál es el verdadero cuerpo del gran Sol Buda?

—Ese viejo Buda murió hace mucho tiempo —dijo Yanguan.

El ayudante se echó a reír para sus adentros, no del hombre sino con el hombre; vio que el simple movimiento de la jarra de agua poseía una belleza más fuerte que cualquier idea religiosa. La risa pareció ponerlo al borde de un gran descubrimiento, que luego se disipó. El pobre visitante había estado tan concentrado en su pregunta que no oyó la respuesta: tenía un rinoceronte delante, pero volvía resueltamente al abanico.

Años antes el budismo había sufrido una fuerte persecución. El conflicto dividió a la familia real, y una noche un príncipe llegó huyendo al templo de Yanguan. Yanguan no hizo preguntas, lo acogió y se acercó, uno por uno, a cuantos estaban en el recinto, incluidos los niños, con un sencillo mensaje:

—Es hora de mantener la boca cerrada.

Todo el mundo lo hizo, lo que creó otro tipo de silencio en el que giraban los mundos. El príncipe fue alargando su estancia, y descubrió que el interés por la libertad que al principio sólo había fingido resultaba ser auténtico. Ese descubrimiento —que era más libre como fugitivo desesperado que como príncipe— fue también la llegada de un rinoceronte.

Cuando las condiciones fueron un poco más seguras, Yanguan le pidió que volviera a ser príncipe. El príncipe se mostraba reacio. La fuerza de ese incidente impresionó al ayudante: algo valioso sucedía si había que persuadir al príncipe para que volviera a su vida anterior. Éste había renunciado a la idea de ser soberano y luego, bajo presión, accedió a recuperar el trono. El propio príncipe pensó que su decisión de regresar era más extraña e inconcebible que si hubiera decidido no regresar. Se rió, abrazó a Yanguan, que también se reía, y se marchó. El ayudante recuperó estos recuerdos en silencio, y allí lo dejamos, inmóvil y lleno de vida.

TRABAJAR CON EL KOAN

Este koan señala que, si tienes un problema, quizá no necesites aumentar la reserva de lo conocido. Por el contrario, quizá puedas abordar problemas que parecen insolubles sin traducirlos a algo que ya entiendes. Adoptar ese rumbo significaría aceptar e incluso abrazar la oscuridad.

En este caso, se te presenta lo inconcebible como si fuera completamente normal. Si le sigues la corriente a Yanguan, sólo tienes que decir: «De acuerdo, si se ha roto el abanico, traeré, por supuesto, el rinoceronte». ¿Qué es lo que creías que no podías hacer y no podías conseguir? Si tu mente te lo permite, quizá puedas conseguir el rinoceronte.

¿Recuerdas algún momento en el que una situación te paralizó y no sabías qué hacer ni qué decir, con la mente bloqueada por el rinoceronte de lo aparentemente imposible, y entonces otra persona actuó y restableció el flujo de la vida? Este koan puede ayudarte a crear a esa otra persona en tu interior. Cuando le pidieron un rinoceronte, Zifu dibujó de inmediato un círculo y escribió dentro de él los caracteres de la palabra *rinoceronte*. Estaba dispuesto a actuar, aunque no veía un curso de acción correcto antes de ponerse en movimiento. Si te quedas atascado de alguna manera o arrinconado y no imaginas una salida, este koan podría ayudarte. No te pide que sepas adónde vas, ni te exige una solución coherente con el problema.

Cuando algo precioso se daña, al principio casi todo el mundo intenta repararlo. Por ejemplo, si has tenido una experiencia terrible, o has perdido a alguien querido, quizá pienses que no podrás sobrevivir o que nunca volverás a ser feliz. Eso resulta fácil de imaginar. En cambio, si confías en lo inconcebible, no puedes saber qué sucederá. Lo que concibes puede quitarte la vida. Por otra parte, lo que no concibes puede darte la vida e incluso una alegría inesperada.

Una mujer, cuando murió su hija, supo de inmediato que ya no podría presenciar acontecimientos futuros: la graduación de la escuela secundaria, el matrimonio y los nietos. Imaginar cosas tiene su sentido, pero en este caso todo lo que preveía le causaba dolor. Era como si estuviera deseando que el abanico recuperara su forma original, o imaginar un modo de repararlo. Por mucho que se esforzara, no tendría arreglo. Descubrió que solamente podía recurrir a lo inconcebible.

Cuando aceptó que su vida estaba ahora fuera de cuanto había imaginado, dejó de tener razones para vivir y, al mismo tiempo, dejó de no tener razones para sobrevivir o sentir alegría. Muchas personas dicen cosas como: «Mis hijos dan sentido a mi vida» o «Mis nietos me dan una razón para vivir». Esa madre, por el contrario, descubrió que la búsqueda de sentido llevaba a un dolor insoportable. Debía vivir por el mero hecho de vivir, sin justificaciones ni triunfos. Descubrió que estaba dispuesta a hacerlo. También le pareció que seguir ese camino era ser generosa con su hija.

Podía pensar en su hija con felicidad, de la misma manera que se antes preguntaba sobre el día de su hija en la escuela. Hasta podía hablar con su hija mentalmente como lo había hecho cuando supo que estaba embarazada. No tenía que pensar que la vida de su hija era defectuosa o incompleta, o que al final se malograba. La perfección que había visto en su hija cuando era bebé se extendía a toda su vida, e incluso a su muerte. Eso era traer el rinoceronte. Aferrarse a la idea de lo que debería o podría haber sucedido era tratar de reparar el abanico roto. Ella no era quien se había imaginado. Así pues, siguió viviendo, y tuvo una vida que le resultó valiosa. La gente la consideraba amable y seria; ella no se consideraba nada. Esto también traía el rinoceronte.

Antes de la edad moderna quizá se veía con mayor claridad que resulta imposible imaginar incluso una vida normal. A menudo los grandes acontecimientos llegaban sin firma y sin explicación sensata. La gente sufría pestes, hambrunas y guerras, pero carecía de información sobre lo que estaba sucediendo. Quizá creía que la plaga guardaba alguna relación con las ratas, o que estaba relacionada con una conjunción desfavorable de los astros, pero no tenía manera de comprobar sus suposiciones. La naturaleza inconcebible del mundo se hace evidente en tiempos de catástrofe, pero siempre está presente.

No podemos concebir plenamente el funcionamiento ni siquiera de objetos comunes como una mano o un plátano. Los antiguos maestros pensaban que lo que nos resulta inconcebible es, en última instancia, lo único en lo que podemos confiar de verdad. De esa manera lograban encontrar la felicidad dentro del desastre y la paz dentro de la guerra. Cuando el desastre está aquí, y quieres ser feliz, la felicidad ha de ocurrir aquí, el baile y la música deben continuar incluso mientras dura el desastre. ¿En qué otro lugar podrías encontrar la felicidad?

Lo inconcebible está presente en el supermercado, junto a las latas de salsa para fajitas. Únicamente necesitas que alguien no satisfaga tus expectativas. Por ejemplo, un extraño te mira a los ojos y puedes devolverle la mirada sin pensar que estás de compras y con prisa. Para ese momento el mundo está compuesto por dos seres desconocidos e iguales. Entonces llega el siguiente momento con algo diferente.

Todo el mundo ha visto a niños en un aparcamiento haciendo un truco con el monopatín, no algo espectacular sino simplemente dar saltos mientras el monopatín se mantiene pegado a los pies. Lo extraordinario es que la forma en que la tabla se pega a sus pies parece imposible. Nunca podrían hacer eso si lo imaginaran, y no tienen como enseñárselo a los demás. Un niño hace el truco y los demás lo ven y ensayan una y otra vez. Confían en el rinoceronte.

He aquí un hecho un poco más insólito en el que ocurrió algo inconcebible. Una amiga estaba en el metro de París cuando un hombre desaliñado subió al vagón (he oído una historia similar de más de una amiga, así que quizá sea un arquetipo del metro).[3] El hombre parecía borracho o muy perturbado; se había quitado la camisa, sangraba, y quizá le habían dado una paliza. Sudaba, hacía gestos violentos y maldecía a las jóvenes que estaban en el vagón. Mientras hablaba, salpicaba saliva. Era evidente, dijo mi amiga, que quería algo, pero también era una aparición aterradora y los jóvenes del vagón se encogieron y se apretaron contra los lados con la esperanza de pasar inadvertidos. Mi amiga, que es japonesa y ya pequeña de por sí, no acababa de entender lo que estaba sucediendo, así que imitó a los demás y se encogió todo lo que pudo.

Sin embargo, mientras el hombre tropezaba por el pasillo, una anciana en la que nadie había reparado hasta ese momento se adelantó y lo cogió de la mano. Tiró de él con suavidad. El cuerpo del hombre siguió la mano hacia abajo, y se desplomó sobre el asiento de al lado. Mientras ella le sostenía la cabeza contra el pecho, él empezó a sollozar. En este caso, la aparición del rinoceronte cambió las cosas para todos los que iban en el vagón; un momento de miedo y peligro se transformó en una ocasión para la bondad.

Esa transformación es uno de los actos verdaderamente creativos que una persona puede realizar.

La ciencia reconcibe la naturaleza del mundo físico con bastante regularidad, y la gente común hace todo lo posible para mantenerse al día adoptando una imagen mental apropiada: quizá viendo el universo como una especie de naranja gigante, una naranja de fantasía, con pepitas y extraños remolinos de galaxias. El budismo también tiene sus cosmologías. Un maestro trató de ir más allá del modelo de la naranja con pepitas y construyó una sala en la que cada superficie era un espejo. El maestro y el emperador de la época entraron en la habitación a oscuras, y luego se encendió una vela en el centro. El emperador quedó convenientemente deslumbrado. Es bueno que la mente quede impresionada por un nuevo concepto, y los deslumbrantes son más divertidos. Sin embargo, el koan del rinoceronte apunta a una forma de funcionamiento que acepta cualquier nueva concepción de la realidad pero que no depende de ella. La emoción ante una nueva idea quizá provenga en parte de la sensación de libertad que acompaña a la pérdida de la idea anterior.

Al final, Yanguan, como todos los demás, se adentró en lo inconcebible. Cuando llegó su hora, murió en paz, no muy enfermo. El príncipe fugitivo acabó siendo emperador, y regresó de visita al templo de formación donde tantas cosas habían cambiado para él. Pero Yanguan había seguido adelante, hasta la muerte, y el príncipe no tuvo oportunidad de darle las gracias. Yanguan había dejado con frecuencia un espacio allí donde la gente esperaba algo sólido.

4

LA MENTE NORMAL ES EL CAMINO

Zhaozhou le preguntó a Nanquan:

—¿Cuál es el Camino?

Dijo Nanquan:

—La mente normal es el Camino.

—¿Debo acercarme a él?

—Si te acercas a él, te apartas de él.

Zhaozhou preguntó:

—¿Cómo puedo conocer el Camino si no me acerco a él?

Dijo Nanquan:

—El Camino no es saber o no saber. Cuando sabes algo te engañas, y cuando no lo sabes sólo tienes la cabeza vacía. Cuando llegas al Camino más allá de toda duda, es tan vasto e infinito como el espacio. No puedes decir si está bien o está mal.

Al oír estas palabras, Zhaozhou comprendió de repente.

El cielo que ya está aquí

Mira cómo juegan los niños.
Come sopa de verduras y no estofado de pato.[1]
Consejo de MATSUO BASHO a los poetas

Es natural buscar las cosas que quieres fuera de donde estás ahora. Ése es el objetivo de un viaje. Sin embargo, lo único que tenemos es este momento. Así que si la libertad, el amor, la belleza, la gracia y cualquier otra cosa deseable han de aparecer, deben aparecer en un ahora. Sería estupendo que aparecieran en el ahora que tienes ahora. Y si han de aparecer y perdurar, deberán ser encontrados en circunstancias normales, ya que las circunstancias normales llenan la mayor parte de la vida. Lo maravilloso, lo encantador, tendrá que estar aquí mismo, en la habitación donde alguien lee, alguien está enfermo, alguien tose, dos personas hacen el amor o un hombre le grita a un perro. Deberá aparecer en el sonido de la lluvia que cae de los árboles, en el ruido de un camión que sube por la cuesta, en el bullicio del televisor de otra estancia. Deberá aparecer en los ojos de un niño que corre, en la sensación de un dolor de cabeza, en la ansiedad de la preparación para los exámenes, en la preocupación por un niño enfermo, tendrá que aparecer en lo que es normal, habitual, común, y ante nuestras propias narices. He aquí un koan sobre el cielo de lo normal.

EL KOAN

La mente normal es el Camino

Zhaozhou era alumno del gran maestro Nanquan desde los dieciocho años. Cuidaba los jardines, hacía recados, estudiaba e intentaba meditar, hasta que para el anciano llegó a ser mitad estudiante y mitad hijo. La meditación era un problema. Quería que su meditación fuera atlética, decidida, convencida: todo lo que él no era. Notaba que había grandes y espaciosas esferas de conciencia, pero no para él. En cuanto se sentaba a meditar, quería levantarse. No podía erradicar la oleada de distracciones, o si lo hacía, se aburría. Así que pidió apoyo técnico.

Zhaozhou no tenía claro el problema y no sabía qué preguntar. También estaba avergonzado, así que empezó por una pregunta genérica que no delataba demasiado.

—¿Cuál es el Camino?

—La mente normal es el Camino —dijo su maestro.

«Ése es precisamente el problema —pensó Zhaozhou—. Yo no podría ser más mundano. En un momento todo es iluminación esto, iluminación aquello, y en el siguiente sueño con chicas.»

No podía imaginar que la vida que ya tenía pudiera ser bella o verdadera. Fue directamente a la pregunta técnica.

—¿Debería acercarme a él?

—Si te acercas a él, te apartas de él.

Nanquan parecía divertido.

Zhaozhou reflexionó. El maestro tenía razón, pero resultaba muy frustrante. A veces el joven creía que estaba meditando, aunque no era cierto: estaba intentando meditar. El intento parecía ser un estorbo. Era como aprender a nadar: si chapoteas demasiado, te hundes, pero si dejas de chapotear, flotas. Sin embargo, no confiaba en la flotabilidad de su cuerpo.

«Al principio —reflexionó—, te hundes hagas lo que hagas.»

Y estaba realmente perplejo.

No había hecho una sola cosa en su vida sin esforzarse. Su mente divagaba. Últimamente tenía intensos recuerdos de infancia en los que en apariencia estaba en su casa y veía la luz dorada que entraba por la puerta con una claridad tan perfecta que podría haberse bañado en ella. Pero ante todo lo que le venía a la mente, pensó: «No es esto», y trató de superarlo. En cualquier dirección que mirara había una pared.

—¿Cómo voy a conocer el Camino —estalló— si no voy hacia él?

El maestro parecía haberse acercado, aunque en realidad no se había movido. El joven se tranquilizó, consciente de estar cerca del hombre mayor, del olor de los pinos, de la duración del momento, como en sus visiones de infancia.

—El Camino no es saber o no saber. Cuando sabes algo te engañas, y cuando no sabes sólo tienes la cabeza vacía. Cuando llegas al Camino más allá de toda duda, es tan vasto e infinito como el espacio. No puedes decir si está bien o está mal.

Por fuera, estas palabras no tenían más sentido que otras que Zhaozhou había oído, pero en ese momento las entendió. Eso lo sorprendió totalmente a él y a casi todos los que lo conocían. No fue un magnífico y estrepitoso despertar, pero aun así fue un alivio, algo real donde apoyarse. Cuando levantó la mirada, las cosas eran exactamente así, el tránsito en la carretera, el sonido de un martillo: un momento genuino.

Desde ese momento en adelante no tuvo prisa; estaba contento con la lentitud y la sencillez: niños creciendo, árboles avanzando por una ladera, año tras año. «Ah, esto —pensaba—, esto, esto.» Nunca usaba energía que no tuviera que usar. Estudió con su maestro durante otros cuarenta años, hasta la muerte del anciano. Al llegar a los sesenta, realizó una larga y lenta peregrinación durante veinte años. No se molestó en enseñar hasta que se acercó a los ochenta y era tan mayor que parecía descortés no hacerlo. Se dice que enseñó hasta que murió a los ciento diecinueve años. Era muy hábil para transmitir la belleza de lo cotidiano.

• • •

Cuando se observan de cerca, las cosas comunes tienen una cualidad enfática, una talidad que las rodea como una carga y que es a la vez bella y satisfactoria. Ver cómo se encuentran las esquinas de la habitación o cómo rebota la luz en el suelo es razón suficiente para vivir. Los pintores entienden que el objeto interesante es el vaso redondo, la caja, el tubo oxidado, y que no hay necesidad de buscar un significado más allá de lo visible. Por su belleza, los objetos ponen en contacto el ojo del espectador con el infinito.

Otra cualidad de la mente común es el interior de la conciencia, las voces en la cabeza, el cambio de sensación y percepción. Sí, eso es, la voz en tu cabeza que dice: «No tengo voces en mi cabeza». Ésa. *Común* significa que no hay necesidad de añadir o quitar nada a lo que está sucediendo en la mente. Cada parte de la vida contiene la totalidad de la vida. Nada hay de malo en lo que está en la mente, excepto la sensación de que algo está mal. De esa manera la sencillez se convierte en una forma de compasión. Cuando no se los objeta, los estados de ánimo que surgen —comunes, dolorosos o espesos— tienen su momento y siguen adelante, como nubes llevadas por los vientos alisios. Y no hay ningún defecto ni en el pensador ni en el momento que transcurre.

He aquí una historia de mente común sobre la visita a un amigo en una residencia de cuidados paliativos. Como Zhaozhou, mi amigo no tenía prisa. Por supuesto, cuando uno piensa en una residencia como ésa, la relaciona con la muerte, y, de hecho, él se estaba muriendo, pero ese día la historia era sencilla y no se refería a la muerte en absoluto; se trataba de hombres que almorzaban.

Una mañana me desperté y de pronto pensé: «Hoy es el día indicado para ver a Phil Whalen».[2] Dejé a mi hija en la escuela, me hice el análisis de sangre que repito periódicamente, y seguí por la Autopista 101 atravesando la lluvia intermitente entre campos primaverales empapados. Philip era un poeta Beat y también abad del Hartford Street Zen Center. En el momento de esta historia él estaba en el San Francisco Zen Center Hospice de la calle Page.

Al principio no puedo entrar en la residencia, pero aporreo mucho la puerta y un treintañero bien vestido asoma la cabeza. Tiene el aire de haber recorrido un largo camino desde una sala interesante.

—Se supone que no debo abrir esta puerta —anuncia, y desaparece.

Para cuando entro, la única prueba de su existencia es que ahora estoy dentro y no en la acera. Doy una vuelta por allí y subo las escaleras.

En las habitaciones hay gente demacrada durmiendo. Encuentro la habitación de Philip porque es la única con la puerta cerrada. Dentro hay un mundo propio. Está acostado boca arriba mirando al techo que no puede ver porque la diabetes le ha afectado a los ojos. Antes tenía una rotunda risa de Buda. Ahora está delgado pero no demacrado. No puede sentarse sin ayuda. La emisora de música clásica KALW está emitiendo algo de Mozart para cuerdas. Hay en un florero narcisos que crean una bruma amarilla que dice ver y apreciar. Me dice que son King Alfred, recuerda esas cosas.

—¿Cómo estás, Phil?

—Bueno, no estoy muerto; es muy vergonzoso.

—¿En qué piensas ahí acostado todo el día?

—La verdad es que no pienso. Me llaman por teléfono y me preguntan qué opino de la reencarnación. Yo no opino nada de la reencarnación. Creo que deberíamos pintarla de amarillo y ponerla en un rincón. Y quizá quitarle el polvo de vez en cuando.

—¿Y cómo te afecta a ti?

—Me pone más irritable, pero parece que no se dan cuenta.

—Bueno, siempre has dicho que eres más odioso de lo que los demás creen.

—Hummm. Aquí están preparando el proceso.

—¿A qué te refieres con «proceso»?

—Cómo se supone que debes morir.

—Hummm.

—Quieren que muera por etapas. No deberían molestarme con eso.

—Quizá podrías considerarlo un espectáculo.

—Tengo muy mal el pelo.

Los amigos le afeitan la cabeza a Philip. Le queda algo menos de un centímetro de pelo gris en la cabeza. Le gusta tenerlo suave.

—Tengo que decidir qué almuerzo. Normalmente pediría comida china, pero es difícil comer acostado.

—Podría conseguirte *dim sum*.

—Pero el *dim sum* lo preparan lejos de aquí, y pienso en el *dim sum* como algo que debes comer mientras ocurre. Alguien me trajo un buen pan. Tengo un refrigerador debajo de la cama y está lleno de cosas ricas. Es cuestión de decidir qué poner en el pan. ¿Has visto a un hombre alto y mayor paseando por ahí fuera?

—No.

—Es Carl. Me va a traer el almuerzo.

—Bueno, yo estoy aquí, hoy debo de ser Carl.

Hay un refrigerador en un armario. Tiene salami, ocho tipos de aceitunas, queso muenster. Saqueo el refrigerador grande que hay abajo, en la cocina, y también encuentro un cheddar picante junto con un poco de cebolla cruda. Me manda a buscar retsina. Señala detrás de él una despensa que, supongo, existió en otra habitación quizá ahora desaparecida. La luz del sol primaveral entra por la ventana, frágil y esperanzada. Se suponía que alguien traería una jarra de retsina, y yo la busco en la habitación, pero es una habitación pequeña y la retsina no aparece por ninguna parte. Me arrastro un rato con las patas de los muebles a la altura de los ojos. Es algo placentero que incluso llega a ser emocionante. Me convenzo de que arrastrarse por el suelo es la mejor manera de ver una habitación. Aparece una botella de Dos Equis en el refrigerador y Philip dice:

—Es ésa.

Philip come despacio, agradecido. Como es ciego, su mano se extiende con cuidado alrededor, como si tuviera un impulso exploratorio propio. Toca con ternura los trozos de comida. Orienta la botella de cerveza de esta manera: se la acerca con suavidad a la cara y toca con ella la nariz. Después la baja por el labio superior hasta llegar a la boca y entonces la inclina y bebe. El sol, avanzando hacia el oeste, es cálido y amarillento. En ese momento mi amigo no se está muriendo; no estoy visitando a un moribundo. Dos hombres almuerzan, uno acostado y otro sentado.

Hablamos de libros. Tiene a Shakespeare para que se lo lean y, además, es aficionado a los escritores del siglo XVIII y dispone de la *Autobiografía* de Gibbon, la *Vida de Johnson*, de Boswell, y *Tristram Shandy*, de Sterne. Pienso entonces que él mismo es un hombre del siglo XVIII, con su gran cabeza, que parece estar llena de luz, su conocimiento detallado de tantas cosas, su manera de ser espiritual pero concreto. No tiene nada del vaporoso romanticismo que los victorianos transmitieron a los meditadores modernos. Y, a diferencia de muchos budistas, no ha creado un mundo budista de mentira en donde vivir. A él le gusta y le disgusta este mundo con sus dolores físicos y su salami picante y el sol bajo del mediodía calentando la ventana. No anhela otro mundo que éste.

—Estoy viviendo demasiado tiempo, puede que tenga que irme.

—¿Cómo va a ser eso? ¿Cómo te sientes aquí?

—Me gusta este lugar. Me tratan bien. Pero no se les permite darme ciertos medicamentos, porque se supone que debo morir más rápido. Quizá tengan que trasladarme. Es un asunto administrativo.

Cuando me voy, lo beso en la cabeza casi rapada y le doy la mano.

—Espero volver a verte —dice.

Después murmura algo. Espero un momento y me doy la vuelta.

—¿Qué has dicho?

Con la sonrisa más dulce, responde:

—No creas que esto no ha sido real.

No encontraba nada que faltara o hubiera que mejorar en Philip. No necesitaba encontrar nada, ninguna forma especial de entrar en la noche.

Cuando murió, recibí una tarjeta con la noticia. Mencionaba su teoría de que la residencia había fracasado y que había vivido tanto tiempo a causa de una maldición que le había echado a la parca. Adjuntaban una foto de Philip haciendo anillos alrededor de los ojos con los dedos, como si hubiera encontrado unas gafas que le permitieran ver.

La mente normal es el Camino.

5

VISITA DE PÉSAME

Daowu y Jianyuan fueron a una casa a ofrecer su pésame. Jianyuan golpeó el ataúd con la mano y preguntó:

—¿Vivo o muerto?

Dijo Daowu:

—No digo vivo, no digo muerto.

Preguntó Jianyuan:

—¿Por qué?

Dijo Daowu:

—¡No digo! ¡No digo!

Mientras regresaban, dijo Jianyuan:

—Diga algo ya, maestro. Si no lo hace, tendré que pegarle.

Dijo Daowu:

—Puedes pegarme, pero aunque me pegues no diré nada.

Jianyuan le pegó.

Después de la muerte de Daowu, Jianyuan fue a ver a Shishuang y le contó esta historia.

Dijo Shishuang:

—No digo vivo, no digo muerto.

Preguntó Jianyuan:

—¿Por qué?

Dijo Shishuang:

—¡No digo! ¡No digo!

Ante estas palabras, Jianyuan tuvo un momento de lucidez.

Un día, Jianyuan cogió una azada, entró en el aula de enseñanza, la atravesó de este a oeste y otra vez de oeste a este.

—¿Qué haces? —preguntó Shishuang.

Dijo Jianyuan:

—Busco los huesos sagrados de nuestro difunto maestro.

Dijo Shishuang:

—Las olas inundan todos los lugares, el cielo rebosa de espuma blanca. ¿Qué huesos sagrados de nuestro maestro buscas?

Dijo Jianyuan:

—Esto es precisamente lo que necesito para fortalecerme.

Dijo Fu de Taiyuan:

—Los huesos sagrados del difunto maestro siguen aquí.

Seguir la muerte hasta la vida

> Siento que el barco mío
> ha tropezado, allá en el fondo,
> con algo grande.
>
> ¡Y nada
> sucede! Nada... Quietud... Olas...
> —¿Nada sucede; o es que la sucedido todo,
> y estamos ya, tranquilos, en lo nuevo?[1]
>
> JUAN RAMÓN JIMÉNEZ

Hay momentos en los que puedes descubrir con sorpresa que lo que sabes no te ayudará en la situación a la que ahora te enfrentas. Un piloto de helicóptero me dijo que llamaba a esa situación «ver el elefante»; para él fue un momento en el que los vientos, los acantilados, el aparato y el océano crearon una situación en la que nada aprendido durante el entrenamiento le servía para desenvolverse. Aun así, sin un plan, salvó el helicóptero y se salvó a sí mismo. Puede que te hayas quedado atascado de alguna manera, o sólo marcando el paso, o haciendo todo a la perfección, y entonces los acontecimientos te hayan obligado a cambiar algo fundamental, quizá tu manera de ver la vida. Cualquier circunstancia puede producir la conmoción que desencadene ese viaje. El roce de la muerte, que, como bien sabemos, ayuda a centrar la mente, a veces la puede ser esa circunstancia. La cuestión es que, en una encrucijada, la vida se vuelve más real e interesante, tanto que más vale tener algunos problemas vitales imposibles que no tenerlos. En una encrucijada es preciso correr algún riesgo; debes entregarte por completo a una nueva situación, aunque nada te garantice que tu esfuerzo sirva para lograr el éxito. He aquí un koan sobre una conmoción de esas características y el subsiguiente viaje.

EL KOAN

Una visita de pésame

El discípulo se llamaba Jianyuan y su viejo maestro era Daowu. En esos tiempos la gente acudía a estudiar zen por muchas razones. Unos porque tenían hambre, otros porque no sabían qué hacer con su vida, de la misma manera que otros se alistaban en el ejército. Jianyuan acudió porque se sentía trastornado y dolorido. Cuando alguien lo felicitaba, sentía vergüenza. Cuando veía un lago lleno de nubes, esa belleza no lo calmaba; se impacientaba y quería hablar. Todo lo que veía parecía inalcanzable. Su mente estaba llena de pensamientos y sensaciones que tapaban el paisaje como un telón. Quería romper ese telón pero no sabía cómo. Por eso se arriesgó a estudiar con Daowu.

En el templo meditaban, trabajaban juntos en el jardín, estudiaban. La vida fluía, y la mayor parte del tiempo era como si no ocurriera nada. A veces Jianyuan recibía la visita de un vívido sueño que lo acompañaba durante todo el día. En una de esas ocasiones, en los jardines, sintió que caminaba dentro del cuerpo de Guanyin, la diosa de la compasión. Veía cada hoja y cada fronda de musgo como una mano de bondad. Por la noche, después de meditar, tenía una sensación de plenitud que no podía describir, y cuando intentaba hacerlo, Daowu se reía.

Esos momentos fueron hermosos pero desaparecieron tan rápido como llegaron, y por encima de todo, Jianyuan quería comprensión, una comprensión clara que le abriera la vida. Con el paso de los años, este deseo insatisfecho se hizo difícilmente soportable. Comenzó a aprovechar cada oportunidad que tenía para alejarse con su maestro del templo. Muy a menudo caminaban hasta un pueblo cercano para oficiar un funeral. El ritual en esas ocasiones estaba bien establecido: Daowu ofrecía incienso, dirigía un canto, decía unas pocas palabras y se iba con su discreto ayudante. Las familias afligidas parecían encontrar en eso auténtico consuelo.

El día que nos ocupa, todo parecía normal. Jianyuan observó los azulejos curvos de los aleros de la casa cuando entraron. Vio a la esposa del hombre del ataúd, que lloraba calladamente, al hijo que saludaba a los visitantes, a un par de niñas de ojos brillantes, a los amigos y vecinos que murmuraban, el sentimiento de impotencia y buena voluntad de todos.

Jianyuan se convenció de que para esa familia la vida continuaría, que pasaría su dolor, pero ya no estaba seguro de que su propia vida fuera a continuar. Como de costumbre, caminó hacia el ataúd para presentar sus respetos, pero sus pasos eran lentos y pesados, y cuando vio al hombre muerto, los años de incertidumbre le pesaron en el pecho. Comenzó a sentirse irreal, a temer que quizá no estuviera realmente vivo y que tendría que quedarse a la deriva en una especie de semivida hasta que se apagara su existencia. Ya no era capaz de desempeñar el papel que se esperaba de él.

Levantó la mano y la estampó contra el ataúd, ¡pum! Se volvió hacia Daowu y, aunque no había planeado lo que iba a decir, surgió una pregunta.

—¿Vivo o muerto?

En la pequeña habitación su voz sonó fuerte, pero Daowu no mostró la menor sorpresa y contestó sin vacilar.

—No digo vivo, no digo muerto.

Siguiendo el ejemplo de Daowu, los sorprendidos dolientes soltaron el aliento y volvieron a la normalidad, al té y a la conversación. Las hijas jóvenes estaban un poco impresionadas. Habían oído hablar del extraño comportamiento de la gente que buscaba la iluminación y ahora lo veían. Pero Jianyuan no podía serenarse; su sentido de lo normal había cambiado. Ya no sabía si su pregunta concernía al cadáver, a él mismo, o a ambos, pero era su principal preocupación, lo más importante de todo, y exigió saber por qué Daowu no le ayudaba.

—¿Por qué?

—¡No digo! ¡No digo!

Daowu insistió, y Jianyuan consiguió volver a acompañarlo en el ritual.

Pero algunas preguntas, una vez hechas, no se pueden deshacer. Durante su silencioso regreso a casa, Jianyuan no vio la luna nueva en los arrozales ni la silueta del castaño. Estaba indefenso ante su propia duda y ante la pregunta que había planteado. No podía dejar de preguntarse: «¿Vivo o muerto?». Al acercarse al templo, Jianyuan se desesperó aún más. Empezó a sentir que se le escapaba una posibilidad que debía aprovechar. Se convenció de que algo se le ocultaba, y se plantó ante Daowu.

—Diga algo ya, maestro. Si no lo hace, tendré que pegarle.

Jianyuan estaba al límite de su paciencia; se sorprendió de la amenaza. Pero Daowu no estaba afectado.

—Puedes pegarme, pero aunque lo hagas no diré nada.

Jianyuan le pegó. Daowu se levantó y siguió andando hacia casa. Si alguien hubiera estado cerca, habría visto a un anciano con una túnica de abad bordada sangrando levemente por un corte sobre el ojo, canturreando y zigzagueando un poco, como si estuviera muy cansado o feliz.

Jianyuan nunca volvió al templo. No recogió sus libros ni sus pocas pertenencias. Allí donde vio por última vez a Daowu, lo arriesgó todo, dio media vuelta y se fue.

Durante años la pregunta de Jianyuan se mantuvo viva, y poco a poco se le hizo tan familiar que, aunque no fuera consciente de ello, siempre la tenía presente de una manera oculta, como una semilla o un río subterráneo. Las espigas murmuraban: «¿Vivo o muerto?», y el caballo, inclinando el cuello para pastar, decía: «¡No diré! ¡No diré!». Pasó el tiempo y quedó la pregunta. Después de la escarcha floreció el ciruelo, nacieron y murieron personas y él seguía con la pregunta a cuestas. Transcurridos unos años, quizá habría sido más correcto decir que era él quien iba a cuestas de la pregunta.

Entonces, Daowu enfermó; su dolor era visible y sus discípulos se preocupaban por él.

—Hay algo que no ha sido retribuido —dijo—. ¿Lo veis?

Todos lloraron, y entonces murió. Cuando Jianyuan oyó esta historia, también lloró. Se le ocurrieron muchas cosas. El viejo quizá había querido decir que sus discípulos no le habían pagado, o que él, Daowu, había recibido algo de los discípulos y no lo había retribuido. La mente de Jianyuan empezó a dar vueltas como si Daowu volviera a estar con él. Comprendió que no tenía ni idea de lo que había querido decir el maestro. Recordó que una de las formas de retribución que Daowu buscaba era que sus discípulos entendieran, que despertaran. Entonces Jianyuan hizo algo que llevaba tiempo planeando: fue a visitar a un maestro llamado Shishuang.

Shishuang también había estudiado con Daowu, y tenía su propia historia de errancia. En una época se instaló con los alfareros que vivían en la periferia de la ciudad, fuera de la protección y las restricciones del gobernador. Todo el mundo despreciaba a los alfareros, pero a Shishuang le gustaban. Quizá se sentía libre allí, donde podía relajarse y respirar sin la presencia de nadie virtuoso o importante, pero, al igual que Daowu, Shishuang no se explicaba. Después se convirtió en maestro, y sus discípulos meditaban tanto y se quedaban tan quietos que se los llamaba «la banda de los árboles muertos».

Finalmente, Jianyuan se encontró con Shishuang. Se sentaron juntos en el jardín. Su nuevo maestro lo miró a la cara con tanta franqueza que inmediatamente sintió ganas de ser feliz.

Le contó a Shishuang la historia completa, empezando por los golpes en el ataúd. Antes de que terminara, Shishuang lo interrumpió: «No digo vivo, no digo muerto».

La duda volvió a llenar el pecho de Jianyuan, a quien le costaba respirar. Algo se agitaba en su interior.

—¿Por qué? —murmuró.

—¡No digo! ¡No digo! —exclamó Shishuang.

Con estas palabras familiares, los pensamientos de Jianyuan se detuvieron, y con ellos, su mundo. En el plano externo, nada cambió. Una ligera brisa agitaba las hojas nuevas, la silueta de las colinas estaba cerca en ese día de primavera, y advirtió que había que guardar una azada de jardín. No había adquirido ningún conocimiento que le faltara. Pero su mente estaba inexplicablemente alegre y clara, como si hubiera entrado en la mente de Daowu. Tenía la certeza de que estaba encontrándose con Daowu más profundamente que nunca.

Vio el buen humor de Daowu. Le había preguntado: «¿Vivo o muerto?», y ahora veía la bondad de la respuesta de Daowu, como si invitara a Jianyuan a acompañarlo en libertad: «No diré, no diré».

«Hoy —se dijo— por fin he entendido a Daowu.» Entonces se echó a reír de su propia pomposidad. Se rió de sí mismo, se rió de Shishuang, se rió de la puerta y del suelo. Intentó pensar al revés: «Hoy, con mi felicidad, he malinterpretado del todo a Daowu». Y se rió con más fuerza aún. Shishuang salió con él, señalando objetos comunes: un cubo, la puerta de la cocina. A Jianyuan todo le parecía divertido. A Shishuang le parecía divertido Jianyuan, o al menos parecía estar disfrutando también. Caminando así juntos, los dos hombres se perdieron de vista detrás de la gran sala.

Con el tiempo, Jianyuan descubrió que el despertar no era sólo un momento punzante, sino algo que se iba filtrando paulatinamente a lo largo de la vida. Una vez, por la noche, estaba sentado después de volver de los jardines. Con la luna nueva, los grillos empezaban a cobrar ritmo, las golondrinas practicaban su última cacería. La oscuridad llegaba con lentitud, de modo que todavía veía la silueta de las colinas como una imagen persistente diurna. Se apoyó en la azada y recordó el viaje con Daowu. Vio las arrugas en el rostro del anciano y su forma de caminar, con un ligero balanceo. La mente de Daowu estaba tan intensamente presente que, como si no hubiera pasado el tiempo, sintió la necesidad de continuar la conversación que había comenzado hacía tantos años al golpear el ataúd.

Jianyuan se echó la azada al hombro y entró en la sala de enseñanza, que atravesó de este a oeste y después de oeste a este. La gente que estaba llegando para una charla nocturna se detenía en seco.

—¿Qué haces? —preguntó Shishuang, siempre dispuesto a ayudar en lo que fuera.

—Busco los sagrados huesos de nuestro maestro muerto —dijo Jianyuan.

Llevar la azada al aula parecía una forma natural de mostrar lo que había descubierto. Los que estaban allí se rieron y, sin saber por qué, se sintieron incluidos en un delicioso secreto.

Dijo Shishuang:

—¿Y qué? Las olas inundan todos los lugares, la espuma está más alta que el cielo. ¿Qué huesos sagrados de nuestro maestro buscas?

Para Jianyuan, su maestro ampliaba lo que él había expresado.

«No sólo está en la sala de meditación: está en todas partes —se dijo—. Los huesos sagrados llenan el universo.»

Jianyuan había estado mirando la azada y la había encontrado hermosa, la única cosa que llenaba la eternidad. Si lo hubiera pensado, habría reconocido que podría haber sido cualquier cosa, pero para él, en ese momento, era una azada. Shishuang había dicho: «Levanta los ojos», y cuando Jianyuan lo hizo, todo lo que miró brillaba. Estos ojos nuevos, pensó, eran lo que le había legado Daowu. Un joven cansado atravesó despacio la sala y también era hermoso. La pared y el techo de la cocina le traspasaban el corazón con su sencillez.

—Gracias —dijo Jianyuan—, esto es exactamente lo que necesito para cobrar fuerzas.

El viaje resultaba cada vez más sencillo. Sintió que caminaba con Shishuang en el fresco de la noche, y que acababan de encontrar a Daowu y de reanudar una vieja conversación.

Un maestro llamado Fu de Taiyuan se enteró de que Jianyuan había entrado en la sala con una azada. Él también se metió en la historia y dijo:

—Los huesos sagrados del viejo maestro aún están aquí.

De esa manera, la historia fue recordada y difundida dentro de la confraternidad de aquellos que hacen preguntas sobre lo que importa. Durante el resto de su vida, Jianyuan siguió caminando con esos compañeros, aunque un observador podría tener la impresión de que a menudo andaba solo.

TRABAJAR CON EL KOAN

En este koan, el maestro ayuda al discípulo negándose a darle la ayuda que éste le pide. Ese rechazo es un ejemplo de lo que los psicólogos llaman «crear un encuadre para favorecer el cambio», por lo que el maestro recibió un golpe de Jinyuan, reacción que puede llegar a parecer comprensible. Sin embargo, la negativa del maestro a decir resulta ser una herramienta para que el discípulo salga de la encrucijada, sorprendiendo a todo el mundo. La forma antigua de trabajar con el koan es llevar la pregunta contigo a dondequiera que vayas.

Así es entonces tu vida mientras te levantas (¿vivo o muerto?), tomas café (¿vivo o muerto?), conduces al trabajo (¿vivo o muerto?), ves una película (¿vivo o muerto?). También puedes llevar contigo la respuesta del maestro: «¡No digo! ¡No digo!», descubriendo lo que pierdes cuando dices, y la invitación de «No diré, no diré».

Trabajar de esa manera afloja los nudos de la mente, y también introduce un espacio para que puedas empezar a moverte entre ansiedades y distracciones y no luchar tanto contra ellas. Al quedarte con las preguntas, tu vida se vuelve más tranquila e interesante. Si este koan te ha elegido, o te ha llamado, debe sumarse a otras preguntas, preguntas profundas que luego llegan a ser tuyas. ¿Qué me pasará cuando muera? ¿Qué me pasa cuando mueren mis seres queridos? Cuando alguien ha muerto, ¿está vivo en mi mente o muerto? ¿De qué manera siguen vivos y de qué manera no? Y esas personas que todavía viven, ¿están de verdad vivas en mi mente o están muertas?

Después de la muerte de mi madre descubrí que no tenía un repertorio de sentimientos prefabricados. A veces estaba triste, pero sobre todo estaba feliz de una manera que no guardaba ninguna relación con su pérdida. A ratos estaba olvidadizo. Cuando desde un viejo puente de hierro fundido vertí sus cenizas en el río sobre el que había vivido toda su vida, me pareció un acto íntimo y amistoso, y me sentí cerca de ella de una forma que no siempre había experimentado mientras vivía. Ella seguía viva en mí, y yo confiaba en que ambos, por caminos y en tiempos diferentes, encontraríamos el mar.

Sin sentimientos o pensamientos prefabricados, no podemos sentirnos tan seguros de qué está vivo o qué está muerto. Un amigo soltero se casó con una mujer con hijos y me dijo:

> Había eliminado la posibilidad de una profunda interacción con los niños. Había cerrado esa posibilidad sin entender lo que los niños podían ofrecer. Tenía un estrecho concepto de cuál era mi camino. Pero eso es exactamente lo que aprendes: que si te acercas a los niños pequeños sin un plan, si logras igualar su apertura mental, tú también te abres. El hijo pequeño de mi esposa viene a verme sin saber por qué, sin tener la menor idea de lo que debe o no debe suceder. Si evito estructurar las cosas como de costumbre, me comunico con él de la misma manera que él se comunica conmigo. Su hermano mayor se interesó por los Beatles y quiso aprender a tocar la guitarra. Así que resucité algo de hace años, cuando toqué la guitarra durante un tiempo. La había guardado, suponiendo que estaba muerta. No sé si él seguirá con la guitarra, pero creo que yo lo haré de todos modos.

¿Y qué crees que está vivo pero quizá está muerto? El trabajo, hasta el buen trabajo, puede llegar a ser inhumano; algunas amistades se vuelven rutinarias. Y a veces, maravillosamente, puedes descubrir que una vieja herida, una pena que has llevado con mucho cuidado como un vaso lleno de agua hasta rebosar, ya no tiene vida ni interés, y ya no requiere que mantengas un atento equilibrio.

Después hay una familia de preguntas relacionadas con el no decir: ¿por qué a veces es mejor no decir? ¿Hay algún tipo de decir que haga que el mundo se aleje de nosotros? A veces, al acabar una película perturbadora, se empieza a hablar demasiado pronto, para reconstruir el mundo mediante su análisis o para cambiar de tema. Un profesor mostraba una película clásica a sus alumnos cada semana y reservaba tiempo para un debate posterior. Una de ellas dejó mudos a los estudiantes. Cuando se encendieron las luces y comenzó el tiempo de diálogo, la mitad de la clase se levantó y salió de la sala. La película seguía viva dentro de ellos, y querían conservarla así.

En la Antigüedad se celebraban misterios en Eleusis. A los iniciados se les prohibía hablar de lo que experimentaban, y aunque la tradición duró más de mil años, todavía no sabemos qué pasaba allí. Quizá se guardó el secreto porque los procedimientos de la iniciación no eran en sí mismos tan misteriosos y los efectos sobre los iniciados no se podían entender a partir de una descripción de los sucesos externos.

Una de las ceremonias más extrañas en las que he participado en un retiro consistió en que un grupo de hombres cavaran un agujero en el suelo y se turnaran para susurrar a la tierra cada pena o vergüenza que los agobiaba. Era una forma de decir y de no decir a la vez. Parecía resultar de ayuda; la acción me hizo sentir la cualidad acogedora de la tierra y el destino común de la humanidad mientras otros hombres en la oscuridad cercana susurraban sus propias penas. Guardar silencio no tiene por qué significar que no se está descubriendo algo; puede significar que hay algo valioso que la luz y la comprensión no pueden iluminar y que para su entendimiento hacen falta las tinieblas. En los cuentos populares, el silencio puede servir para romper un hechizo o para que pase el tiempo y los protagonistas crezcan.

Al hacer que Jianyuan tome conciencia de la encrucijada sin ayudarle a resolverla, Daowu lo anima a seguir con el trabajo nocturno. «¡No digo! ¡No digo!», son sus palabras. Y con su bondad aborda una pregunta difícil y la empeora. Al encontrarte en una encrucijada real, quizá el verdadero propósito de tu vida empiece a revelarse y comience tu verdadero viaje. La virtud de Jianyuan fue que no rechazó el viaje. Este koan siempre me ha animado a confiar en las dificultades a las que me enfrento y en la lentitud con la que me ocupo de ellas. Es como si una encrucijada tuviera incorporado su propio viaje, un viaje que sólo pertenece a esa encrucijada y que es un camino único hacia la libertad.

Después de todo, resulta que cada paso dado en la oscuridad ha ido en la dirección correcta.

6

EL HILO ROJO

Preguntó Songyuan:

—¿Por qué los bodhisattvas de ojos claros no pueden cortar el hilo rojo?

Conexiones que hace el deseo

El viernes probé la vida. Fue un bocado enorme. Por delante de la casa pasó un circo: aunque ya no suenen los tambores, aún siento el rojo en la mente. El césped está lleno de sur y los olores se enredan, y hoy, por primera vez, oigo el río que fluye por el árbol.[1]

EMILY DICKINSON

Debemos ponernos de acuerdo sobre lo que importa: besarse en lugares públicos, sándwiches de tocino, discrepancias, moda de vanguardia, literatura, generosidad, agua, una distribución más equitativa de los recursos del mundo, cine, música, libertad de pensamiento, belleza, amor.[2]

SALMAN RUSHDIE

El deseo arde en el centro de la vida, y suele ser complicado. «Si tú me amas, yo no te amo», canta Carmen. Un remedio espiritual para el deseo es huir de él. Se trata del desapego, de trascender el cuerpo y sus sentimientos: una forma intelectual de ducha fría. Pero tratar de no pensar en lo que quieres crea un conflicto interior, y no es lo mismo que la libertad. Se puede tratar el deseo de otra manera, como algo natural. Lo que quieres es que una porción del mundo brote de la nada y vaya a tu encuentro. Sólo por existir tiene su propia pureza. Es tan real como la Ópera de Sídney o como un wombat. No se puede transcender a un wombat. Quizá el deseo sea necesario para la vida y fundamental para la empatía. Tal vez encuentres mejor la libertad si, en vez de alejarte de la fuerza perturbadora, vas hacia ella. No hay ningún sitio fuera del cuerpo en el que puedas vivir, así que podrías encontrar la libertad en el cuerpo. Un koan sobre el deseo consiste en una sencilla pregunta.

EL KOAN

El hilo rojo

Preguntó Songyuan:

—¿Por qué los bodhisattvas de ojos claros no pueden cortar el hilo rojo?

TRABAJAR CON EL KOAN

La idea en este caso es que un motivo rojo recorre la vida de todos. Ese hilo rojo es pasión y dolor: toda la vulnerabilidad y el deseo que te unen al mundo. La dirección que toma ese hilo en tu vida sólo se irá viendo con el paso del tiempo. Es el color de la sangre, del fuego, del sexo, de la intimidad. Para vincularte, para ayudar, para ser útil en este mundo, debes caminar con los demás. También tienes que dejar que actúen sobre ti, y entonces no te librarás de los cambios. Lo interesante es que la persona apegada al deseo es un bodhisattva, la versión budista de un santo que trata de ayudar al prójimo. Tu propio deseo, tu propio hilo rojo, es tal vez la fuente de tu empatía con los demás. Songyuan, quien hizo este koan, fue explícito al respecto. A veces decía: «Es el hilo rojo entre tus piernas».

En este koan aparece también la sensación de que el amor es enemigo de la pureza. Mohammed Atta, cuyo fanatismo lo llevó a pilotar uno de los aviones que se estrellaron contra el World Trade Center, consideraba que la presencia de mujeres contaminaba, y es lógico que alguien dispuesto a matar gente al azar por una idea no disfrutara mucho de la vida. El puritanismo adopta muchas formas: contabilizar el valor de las personas sólo utilizando números, como le gusta hacer a la mente corporativa y burocrática, es puritano porque ignora la necesaria singularidad de cada persona. Además, cuando los padres religiosos no quieren que se enseñe a sus hijos la teoría de la evolución, hay miedo puritano de ser parte del mundo natural, de perderse en la naturaleza y el deseo. En los días después del 11-S, John Ashcroft, fiscal general de Estados Unidos, daba conferencias de prensa delante de una estatua de la Justicia con los pechos desnudos. Evidentemente le avergonzaba hablar a los televidentes con una mujer semidesnuda detrás, así que dispuso que la taparan con una cortina cuando hablaba. Hummm. La justicia sin pechos es una mala señal de misericordia.

El hilo rojo está siempre enredado y se resiste a la simplificación de la vida en fórmulas. Por muy puro que seas, puedes cambiar de opinión, enamorarte u olvidarte de castigar a alguien. Los contactos eróticos ponen la vida patas arriba, y cuando la vida es demasiado estrecha, poner las cosas patas arriba es a veces beneficioso. Este koan se resiste al impulso totalitario cuando sigues un camino espiritual.

Conocí a un hombre cuya vida tenía mucho de hilo rojo y que también era una especie de bodhisattva. Hay en su historia más de un tipo de oscuridad, y algunos podrían pensar que no terminó bien, pero para mí trata de las formas que adopta el amor.

Tommy Dorsey era una *drag queen* que descubrió su entusiasmo por el budismo zen, un entusiasmo que, al menos durante algunos años, le salvó la vida. Se hizo sacerdote, se afeitó la cabeza, recibió el nombre de Issan y se puso la túnica formal, parecida al kimono, que acompañaba ese papel en Japón.[3] «Todavía llevo falda, pero dejé los tacones», dijo. Su dedicación sorprendió a mucha gente, y cuando su maestro lo nombró abad de un pequeño centro zen en el distrito del Castro, en San Francisco, fue un gran acontecimiento. El Castro fue escenario de la revolución gay con sus artes, sus fiestas, su estilo y su alegría de vivir, e Issan formó parte de esos acontecimientos. Después, a comienzos de la década de 1980, empezó a aparecer el sida y al principio nadie sabía cómo abordarlo. Fuera lo que fuera la enfermedad, había jóvenes muy enfermos que vivían en las calles y no tenían adónde ir.

Había un eco medieval en esa peste, porque era poco entendida y porque a menudo desfiguraba. Había personas que rechazaban a los enfermos: «No voy a dejar que comas de mis platos; vas a infectar a mis hijos», y había manos que se tendían para recoger los cuerpos que caían y no pedían nada a cambio. En el norte de California, las lesbianas destacaban en el movimiento asistencial, y hubo una triste repetición del viejo motivo de la mujer que sostiene el cuerpo de un joven. Eran tiempos de cuidados y de funerales. Eran tiempos de hilo rojo, cuando el deseo, la bondad y la muerte estaban íntimamente unidos y los puritanos tenían muy poco que ofrecer.

Un día, Issan llevó a casa a un hombre tan enfermo que no podía cuidarlo. El hombre se llamaba JD y parecía estar empeorando rápidamente. Issan pensó que él y sus amigos del Centro Zen (a quienes consultó de antemano, aunque sin explicar lo mucho que aquello cambiaría la vida de todos) cuidarían a JD hasta su muerte.

Issan no creía que nada de lo que hacía fuera especialmente noble o bueno —ser bueno de manera convencional no era, de todos modos, su fuerte—, y ese acto de bondad más o menos involuntario me parece más profundo de lo que podría haber sido una elección muy pensada. Sabía mucho acerca del deseo y del amor, y esa decisión le sobrevino como lo habría hecho el deseo. Fue un momento de hilo rojo y también de simple compañerismo. Issan pensaba que JD tendría una muerte buena y digna al cabo de pocas semanas, y su intención, después de esa muerte, era llevar a casa a otra persona.

Pero JD tenía otros planes. Empezó a delirar y a mostrarse paranoico, manifestaba muchos síntomas aterradores y entonces revivió. Consiguió una silla de ruedas motorizada en la que se paseaba por el Castro. Se montó con ese vehículo en el BART —que es el sistema de tránsito rápido del Área de la Bahía— hasta Oakland y volvió con una iguana. Exigía martinis. Finalmente viajó a Florida para despedirse de su familia. JD metió a escondidas la mascota en el avión y por alguna razón la perdió allí, después de lo cual, a diez mil metros de altura, se encerró en el baño. Y en Florida, finalmente, murió. Ése es otro aspecto del hilo rojo: si ayudas a una persona, se volverá impredecible y hará cosas incómodas, quizá peligrosas. Cuando recibes a una persona con sida, la demencia puede ser un factor que se sume a la tuberculosis, el herpes zóster y otras enfermedades más extrañas todavía, pero aun así puede que la belleza una a todos los protagonistas.

El destino de Issan estaba entrelazado con el de otros, como JD. Ser Issan significaba estar enredado con los consuelos y las transgresiones del deseo; él llevaba ese poder y esa bendición. Tenía un amante al que Phil Whalen llamaba Dulce Niño James, pero no ante Issan. Éste conocía a James desde hacía años y lo consideraba una de sus experiencias trascendentales. James era un chico de la calle que podía ser encantador y luego volverse loco y patinar alrededor del zendo y amenazar a la gente. Issan creía haber contraído el sida durante un fin de semana que había incluido a «James, un motel barato y una botella de ginebra barata; no, no, en realidad era una botella de buena ginebra. No soporto las cosas baratas». Ése era el tipo de aventura que conllevaba algo oscuro e inconsciente y que, sin embargo, también se enhebraba con el lado apasionante y compasivo de Issan.

No es necesario que el deseo te mate. A Issan lo mataron las circunstancias y el azar, no el deseo. Imaginemos que alguien está en un supermercado, buscando una botella de vino, y cae una bomba. Se podría decir que el deseo de vino mató a esa persona, pero si hubiera salido a comprar pan, ¿dirías que la mataron por su deseo de pan? Hace falta valor para descubrir qué quieres de verdad en la vida, y lo que quieres puede ser peligroso. Pero la vida es peligrosa en sí, y hay cierta belleza en ser plenamente quien eres, en prestar atención al hilo rojo y en dejarse arrastrar por él. Para mí, la historia de la vida de Issan no se reduce al sexo. El rasgo distintivo de hilo rojo radicaba en el hecho de que él mismo era enfáticamente quien era, y en la forma en que empleaba esa cualidad tan sexy de *drag queen* para cuidar a la gente. El hilo rojo se manifestaba sobre todo en el momento de recoger a la gente de la calle y buscar un hogar para los que no lo tenían.

Issan no parecía contemplar mucho su propia muerte: estaba presente y se avecinaba, nada más. Eso no parecía una negación. Se quejaba: «¡Ay, qué dolor! Hace demasiado frío. Qué mal planchan los pliegues. ¿No te parece que este ajo es muy fuerte?». Había en eso algo dramático y entrañable. Se quejaba de cosas reales, pero no de su destino. Issan demostró ser una excepción a la regla de Montaigne, según la cual nadie es un héroe para sus sirvientes: a sus allegados les parecía feliz y cariñoso, aunque proclive a ponerles la vida patas arriba.

Mi historia favorita de su muerte es ésta: hacia el final, Issan necesitaba ayuda para caminar, y un amigo le estaba ayudando a volver del baño. Se detuvieron en el rellano del primer piso. El amigo, un tipo tan ferozmente inconformista que lo habían apodado «el monje salvaje», advirtió que los sentimientos lo abrumaban, algo inaudito. Respiró hondo y dijo: «Te echaré de menos, Issan». Issan, con aquellos ojos grandes, brillantes y seductores miró a su amigo y le dijo: «Yo también te echaré de menos. ¿Adónde vas?».

Bondad y desenfreno es una combinación conmovedora. No hay en ella premeditación y no pide nuestra simpatía ni busca compensación por las buenas obras. Maitri, la residencia para enfermos de sida fundada por Issan, se convirtió en una institución que creció y ayudó a muchos. Hay personas que piensan que Issan era un santo, e incluso quienes piensan que después de su muerte intercedió por ellos en el cielo y los curó del sida con sus bendiciones. Creo que eso le habría gustado, de la misma manera que le habría gustado que alguien encontrara la cara de Lana Turner en una tortilla. Para mí, el aspecto más interesante es el del hilo rojo: que todo el mundo posee alguna forma de santidad, y que el despliegue de su bondad puede manifestarse a veces mediante sus transgresiones, mediante lo que tienen de salvaje e imperfecto. Issan no parece haber pensado, ni por un instante, que su vida o su muerte fueran una tragedia. El objetivo de este koan podría ser el de vivir tu vida de manera auténtica en vez de vivirla de manera perfecta o incluso respetable.

Finalmente, Issan murió en su templo. Murió antes que JD, el paciente al que había acogido. La noche después de su muerte, me senté al lado de su cuerpo. Yacía con un kimono blanco, blanco por la muerte. Las ventanas estaban abiertas para refrescar la habitación y las cortinas blancas aleteaban y susurraban. De vez en cuando creía oír su voz y preguntaba: «¿Qué has dicho, Issan?», y entonces comprendía que no había dicho nada, que reinaba un profundo silencio. Él y yo estábamos muy callados. Entonces entraron unos amigos y lo abrazaron y le acariciaron la mejilla fría y lloraron y le hablaron como si estuviera vivo. Alguien le había dicho a Issan que el sida le parecía muy injusto.

—Tienes lo que te mereces —había contestado él—, aunque no te lo merezcas.

7

CONTAR LAS ESTRELLAS

Cuenta las estrellas del cielo.

Un koan aburrido

Baja el listón.[1]
Consejo de WILLIAM STAFFORD a los poetas

Nunca te consideres
una persona que no cuenta...
Festival de las Almas.[2]
Poema de MATSUO BASHO sobre la muerte de su amiga Jutei, en julio de 1694, cerca de la fecha del Día de Todos los Santos en Japón

Hay en la vida pasajes que parecen estar entre otros pasajes. Puede que no tengan nada de malo, pero carecen de peso propio. Esos momentos son vestíbulos o salas de aeropuerto: los atraviesas no para estar en ellos sino para llegar a otros momentos. La variedad de estos momentos o intervalos puede ser amplia. Los momentos de dolor físico a menudo adoptan esa forma, lo mismo que esperar en la fila para obtener el permiso de conducir y, en general, para esperar a que otra persona haga algo, por ejemplo firmar un acuerdo, conceder un visado, morir, enamorarse de ti, dejarse impresionar por ti o condenarte. Una de las virtudes de la meditación es que te permite tolerar o incluso disfrutar de esos momentos intermedios, relacionarte con los materiales que tu mente arroja a la superficie cuando no está ocupada buscando algo o tratando de mejorar su condición. Hay un koan que me animó a examinar esos momentos.

EL KOAN

Contar las estrellas

Cuenta las estrellas del cielo.

TRABAJAR CON EL KOAN

Durante mucho tiempo, este koan careció de interés para mí, porque me parecía francamente aburrido. Por lo general se ofrece el koan a alguien que ha comenzado a abrirse. En ese momento puedes llegar a sentirte como si estuvieras flotando contra el techo. En las escuelas koan se dice que, si al despertarte por la mañana no te importa morir esa noche, tu vida ha merecido la pena. Puedes ver tu lugar de pertenencia, la casa que tienes en el roble, y tu vecino, y el alce frotando los cuernos aterciopelados en un poste gris de la valla. En esa confusión quizá olvides que también eres tú misma o tú mismo, Sally o Bill. Este koan parecía poner remedio a esa tendencia, insistiendo en lo mundano y lo particular. Cuentas, números, impuestos, deducciones, tasas de interés. El koan no te permite ser vago y entusiasta como lo son a veces las expresiones espirituales. Exige corporeidad y precisión.

La respuesta tradicional que se ha ido transmitiendo es simplemente ponerse a contar las estrellas. Eso resulta divertido, porque es imposible aunque no descabellado, ya que todos sabemos contar. Había notado, junto con los demás maestros con los que trabajaba, que nadie había tenido nunca mucho que decir sobre el hecho de contar las estrellas. «Esto podría ser interesante —pensé—. ¿Y si he encontrado un koan aburrido? Quizá debería presentarlo de alguna manera: KOANS ABURRIDOS A SU DISPOSICIÓN.» Nadie parecía cambiar de actitud, y aunque ése podía ser el objetivo de un koan aburrido, para mí este koan era como un manzano que siempre había estado en el jardín pero nunca había florecido.

Algunos pasajes vitales parecen triviales o anodinos, pero pueden añadir música a la vida, de la misma manera que un anónimo pájaro marrón que salta bajo el naranjo infunde vida al jardín. Algunas personas combaten el aburrimiento de la meditación, pero el aburrimiento puede ser bueno y significar el principio de un reconocimiento de las cualidades básicas y sencillas. Soportar tu propia conciencia es algo muy valioso, pensé. ¿Por qué, entonces, no debería existir un koan sólo para aburrirte? De esa manera, ¿no podrías valorar tu mente incluso cuando no se divierte o se enfrenta a un problema?

Los intervalos, y los momentos entre otros momentos, pueden ser buenos. En las puertas de embarque y en las tiendas y los bares de los aeropuertos, uno entra en una eternidad aburrida que a veces resulta tranquilizadora. Creo que los accidentes aéreos, tan poco frecuentes comparados con los accidentes automovilísticos, son especialmente impactantes porque lo bueno de estar en un avión es que no pasa nada. Como un ascensor, es un lugar de aburrimiento, no de acontecimientos. Los tibetanos tienen la palabra *bardo*, que a menudo se aplica al ámbito imaginario por el que se viaja después de la muerte. *Bardo* significa «estado intermedio», y todos los estados humanos son en realidad *bardos*: despertar es un estado intermedio, igual que soñar mientras se duerme. Morir es su propio estado intermedio, y la muerte, cuando en esa vida imaginada vagas hasta que te reclama un nuevo nacimiento, es también un estado intermedio. La vida se concibe como intervalos entre otros intervalos. Hasta aquí, todo bien.

Cuando trabajas con un koan, es muy interesante que consideres que todo lo que te ocurre está relacionado con ese koan. Todo lo que piensas y sientes, cada reacción ante lo que sucede, se encuentra en el campo del koan, de la misma manera que la tierra está en el campo gravitacional del sol.

También, cuando estás en el campo de un koan sueles vivir dos experiencias opuestas. Una de ellas es la sensación de un inmenso trasfondo, la eternidad que está dentro de cuanto haces y a través de la cual te mueves día a día. Desde ese punto de vista, la vida no es un error, y ningún momento intermedio tiene menos valor que otro. La belleza de las cosas comunes te impresiona: no hay en ellas nada aburrido. De esa experiencia habla la gente cuando habla de iluminación, de intimidad o de un profundo cambio de actitud. Es un momento feliz.

He notado que un koan suele tener también un efecto bastante diferente y más oscuro. Este otro efecto es evocar, ¿cómo decirlo?..., la ilusión, el sistema de creencias que parece pertenecer a ese koan en particular. Ese sistema de creencias es una colección de pensamientos dolorosos. Te puede dar la sensación de que estás al borde del fracaso. Podrías pensar: «Esto es demasiado difícil», o «Soy un idiota», o recordar de repente viejos agravios como si acabaran de producirse. Esos pensamientos dolorosos no significan que estés fracasando. Al contrario, significan que es así como percibes el dolor, que ése es el aspecto de tu prisión que este koan evoca. Por ejemplo, cualquier koan que dependa de una comparación puede evocar un fuerte sentimiento de superioridad o de humillación. El koan «El gran camino no es difícil, sólo impide ser exigente a la hora de elegir» puede suscitar mucha exigencia y la mayor esperanza de triunfo y miedo a la pérdida que hayas tenido jamás. Un koan así puede mostrarte todo lo que no te gusta de tu propia conciencia cuando escoges caprichosamente. También es posible que un koan, si te hace sufrir de esa manera, llegue a resultarte especialmente útil. Y si te interesa la libertad, quizá debas buscarla en esa dirección. Si encuentras en la mente un letrero que diga NO PASAR, quizá te convenga ir hacia él en vez de alejarte.

¿Y qué significa encontrar la libertad? Cuando pones reparos al momento, lo tratas como un momento intermedio, un momento falso, un error, no un momento real y habitable. Si ves que tus pensamientos son la fuente de tu dolor, es que comienza tu libertad. Has sido un personaje de una novela y de repente dejas de seguir el guión y sales de ella. No necesitas ningún esfuerzo extra, no necesitas escribir un guión mejor. En el momento de su despertar, dijo Buda: «He conocido al constructor y he roto la viga maestra. No volveré a construir esa casa».

La impresión que me produjo «Cuenta las estrellas del cielo» fue que aquello resultaba aburrido. Entonces, una noche, un ingeniero me contó que lo había conmovido, y comprendí el koan de la misma manera que lo había comprendido él. En primer lugar, soñó con koans en general. Soñó con una cerradura complicada, con partes móviles. Cuando las alineabas bien, veías la luna por el ojo. La cerradura era antigua, y él se esforzaba por hacerla funcionar. Era un conjunto prometedor de imágenes: koans como cerraduras antiguas y también como ventanas a un mundo iluminado por la luna. Cuando despertó, se sintió animado. Una noche salió a la galería; la niebla que flotaba entre las secuoyas envolvía los grandes troncos. En cambio, la noche siguiente fue despejada. El ingeniero se puso a contar: «Una, dos, tres...». Le gustó lo que hacía, que no tenía nada de práctico. En cada estrella estaba la inmensidad de la galaxia. Había demasiadas estrellas, pero las siguió contando como quien reza una oración.

Al día siguiente no paraba de repetirse: «Cuenta las estrellas del cielo». Mientras conducía, comía y hablaba con su familia, seguía sin apartarse del koan. Notó que cuando estaba con el koan, las cosas pequeñas —dormir poco, que se hundiera el mercado, sentir una molestia física— no lo desanimaban. Seguía contando. Contó algunas estrellas más y se preguntó: «¿Qué es contar las estrellas?». El día siguiente fue intenso en el trabajo y se olvidó del koan durante largos ratos, pero cuando subió al coche, allí estaba. Era como si el koan empezara a retener el koan. Al día siguiente, toda situación tenía una iluminación propia. El color de las hojas era intenso. Estaba colmado de alegría. Un día más tarde, al ver la sencillez de los objetos y de las personas, no se sintió feliz ni infeliz. No se sintió impelido a hablar de esa sencillez. Vio que ésa era la respuesta tradicional a ese koan, que contar era algo completo en sí mismo. Siguió con el koan.

Entonces vino a hablar conmigo. Se levantó de un salto, abrió la puerta y señaló las secuoyas y el abeto de Douglas, el cielo del atardecer que empezaba a oscurecerse, el muro de piedra tosca, el musgo y las plantas que se extendían hacia el valle. Estaba emocionado, se sentía muy amigo de la vida y había perdido todo temor. Se señaló, me señaló a mí y después señaló la lámpara.

—Eso es una estrella, eso es una estrella. —Señaló una mesa—. Eso es una estrella. —Señaló un arreglo floral—. Eso es una estrella. —Se señaló a sí mismo—. Una estrella.

—¿Y qué me dices de los terroristas?

Sí, también los terroristas. Estrellas, sin duda. Señaló de nuevo por la ventana hacia la noche.

—No hay muerte porque yo soy todo eso. Todas esas estrellas.

Nos quedamos sentados en silencio, después conversamos un rato, le di el siguiente koan y se fue.

Entonces empecé a recordar. Recordé al señor Roland, un caballero jubilado con traje marrón al que acababa de presentarme y que me enseñó a contar hasta mil cuando tenía cuatro años. Estábamos al lado de su puerta. Recordé a mi abuelo enseñándome los nombres de las estrellas, las constelaciones, las galaxias: Canopus, en el gran navío Argos; el Cuervo; las Nubes de Magallanes; Orión con su espada y su hombro rojo, la estrella gigante Betelgeuse, un cazador acompañado de sus perros persiguiendo a las Pléyades. Me explicó que algunos nombres provenían del árabe, porque habían sido descubrimientos de astrónomos del desierto: Aldebarán, el ojo del Toro. Algunos aborígenes llamaban el Cisne a la Cruz del Sur. Mi abuelo también sacó su antiguo sextante: teca, marfil, latón y cristal de color ahumado por el que mirabas. A mi lado, en la calle negra, sobre las chimeneas del hospital público, me enseñó a encontrar mi latitud, por si acaso. Me dijo que valía la pena conocer los nombres de las estrellas, saber navegar guiado por ellas y contemplar la inmensidad. Pasear de noche por el puente de un barco, haciendo guardia, es bueno para esta actividad, aconsejó.

Vi entonces que aquélla era una de esas historias vergonzosas en las que el narrador describe sin saberlo su propia mente. Creía que el koan era aburrido, pero no lo había dejado penetrar del todo. Creía que el koan era vago, pero no, eso también era cosa mía. Había convencido, asimismo, a algunos de mis colegas. Es muy agradable que exploten tus delirios; es como salir de la cárcel. Si ves un delirio propio, es maravilloso, puedes respirar y no chocar contra las paredes que últimamente te encerraban. Me gusta sentarme en una terraza con vista al valle y contar las Pléyades que suben en el aire frío, el Cuervo, la Osa Mayor girando alrededor de la estrella Polar mientras avanza la noche.

Y así es realmente la meditación: no hacer nada, no mirar nada en particular, saborear la sencillez, la vida en el estado intermedio.

8

DE LA NADA SURGE LA MENTE

Dice el *Sutra del Diamante*:

«De la nada surge la mente».

La luz juega en los rostros de los niños

Me dices que eres inocente
y te aferras al botín.[1]

Wumen Huikai

Lluvia de primavera:
la niña enseña a bailar
al gato.[2]

Kobayashi Issa

El tiempo se organiza en viajes. La idea estándar de cómo lograr un cambio profundo de actitud implica buscar conocimientos lejos. Pero si la sabiduría sale de la nada, como el big bang, el hidrógeno, la gravedad y el espacio-tiempo, entonces es posible que la idea estándar no sea cierta. El hecho de emprender un viaje presupone que algo falta en casa. Esa carencia puede parecer tan obvia que la mayoría de las personas nunca la comprueban. Sin embargo, esa idea podría ser una ficción. ¿Y si verificaste y descubriste que no ocurría nada malo? Entonces podrías irte de viaje sólo por diversión. Y los niños, antes de que se les enseñe a hacer su propio y largo viaje, podrían entender que cada parte de la vida que tienen es completa.

EL KOAN

Dice el *Sutra del Diamante*:

«De la nada surge la mente».

TRABAJAR CON EL KOAN

Por lo general, la gente trabaja duro para hacer que las cosas sucedan. Sin embargo, puede ser que las cosas sucedan por sí mismas, surgiendo de la nada. He aquí una historia sobre cómo la comprensión surgió de la nada para un niño en el jardín de infancia.[3]

Algunos de los antiguos edificios escolares de Los Ángeles tenían techos altos y claraboyas. Un niño, sentado en su sillita en el jardín de infancia, vio la luz amarilla que entraba por las altas ventanas. Motas de polvo giraban en el rayo de luz. Notó lo brillantes que eran y siguió observando; entonces, de repente, dejó de haber distancia entre él y la luz. El niño desapareció. No sabía cuánto tiempo llevaba fuera; el tiempo no existía. Al oír una voz que gritaba, tardó en reconocer el nombre, que no tenía nada que ver con él. Entonces oyó reír a los otros niños y se preguntó de qué se reían. Era el profesor, que lo llamaba. Después de eso, las cosas que vio eran hermosas en sí mismas. Las caras parecían más reales, y lo que era real era hermoso. Ya no tenía nombre; era el rayo de luz. Y no tenía que ser un rayo de luz. Podría ser una lata de Coca-Cola u otro niño, y él sentiría esa unión. Su sentido de lo tuyo y lo mío se había transformado en algo como: «Mi comida es tuya, tu casa es mía». Cuando los adultos a su alrededor peleaban y discutían, los compadecía, porque no entendían y no veían lo que veía él.

Según mi propia experiencia de niño, éramos pequeños monstruos —peleábamos, robábamos, alardeábamos, mentíamos y nos engañábamos unos a otros— y, al mismo tiempo, los árboles que se alzaban junto a nosotros y la tarde bendecían nuestros gritos y la grava de nuestras rodillas. La vida era algo que dábamos por sentado porque sabíamos algo importante. La siguiente es mi historia sobre lo que los niños saben. Tenía tres o cuatro años y solía jugar en la alcantarilla delante de casa de mis abuelos, donde vivía mi familia. Eso resultaba un poco ofensivo para ciertos adultos, que murmuraban cosas como «golfillo» cuando tenían que esquivar mis pasteles de barro. Una vez jugaba con un par de camiones nuevos, así que era después de Navidad, y estaba con Robert, un niño un poco mayor. Robert me contó que unos ladrones habían entrado en su casa la noche anterior y le habían robado los juguetes. Aparentemente, sus padres se sentían impotentes ante el asunto. «Qué suerte —pensé— que yo tenga estos juguetes nuevos, justo en este momento.» Así que se los di.

En esos tiempos mis padres eran bastante pobres y yo sólo tenía unos cuatro juguetes, así que se dieron cuenta y me preguntaron por los camiones. Cuando les hablé de los ladrones y de mi buena suerte, vi cómo se reorganizaba la geometría de sus rostros. En un instante, mi entendimiento también se reorganizó, y comprendí que podía haber pasadizos ocultos en el problema del otro chico con los ladrones. Lo interesante es que entonces me entristeció que pensara que necesitaba un camión para ser feliz. Los camiones eran buenos para jugar con amigos o para regalarlos. Evidentemente, sólo servían para eso. Los niños ven esa comunión de todos los seres, hasta que se organizan con mayor rigor y dejan de verla.

La mente del niño no es libre porque es la mente de un niño; es libre porque es libre. Ése es otro ejemplo de cómo funciona la mente libre. A la gente le parece que la muerte es muy importante y espantosa. Pero si te identificas con el trasfondo, el inconcebible lugar de donde salió lo que hay en primer plano, la muerte podría no ser un acontecimiento de gran trascendencia. Podría no significar lo que esperas que signifique. Una amiga, cuando su madre se estaba muriendo, llevó a su hijo a ver a la abuela. Ésta tenía una cama especial rodeada por una barandilla. El niño aún no caminaba, pero se paseaba utilizando las mesas y la barandilla de la cama para mantenerse en pie a medida que avanzaba. Las dos mujeres lo observaban. Les parecía adorable, que era su manera de reconocer la talidad.

—Ay, siempre lo recordaré —dijo la moribunda.

Si los niños tienen una lucidez natural, tú también puedes tenerla, aunque no recuerdes ninguna experiencia novelesca de iluminación. Quizá no haya una buena razón para esa lucidez; quizá sea algo que existe porque sí, como un árbol, como la vida. Sólo es preciso advertir que las cosas están claras, o tirar por la borda la idea de que las cosas no están claras. Puede que entonces descubras que los posibles caminos a seguir aparecen de la nada, tal como lo hace el momento siguiente. Tu navegación podría gobernarse por sí misma, y el universo podría darte la belleza y la felicidad que buscas.

Cuando olvidas la ficción cuidadosamente estructurada de quién eres, puedes disfrutar de manera natural de la gente, del planeta, de las piedras y de los árboles. No hay un límite observable para esa belleza, y nadie está excluido de ella. Entonces, si combates a un enemigo, lo harás tan bien como puedas, pero no serás un verdadero creyente. Sabrás que un enemigo no es realmente otro, y que la lucha es una especie de malentendido. Las inquietudes que conducen a las peleas pueden estar todavía presentes, pero no son lo principal. Tus problemas podrían ser como un sueño, muy intenso cuando estás en él, pero un sueño al fin. Quizá descubras que, incluso en lo más profundo del sueño, estás a punto de despertar. Y cuanto más despierto estés, más amable parecerá el mundo.

9

LA MONTAÑA TORTUGA DESPIERTA

Yantou y Xuefeng quedaron aislados por la nieve en la montaña Tortuga.

Día tras día, Yantou dormía mientras Xuefeng se sentaba y meditaba.

Al tercer día, Yantou también se sentó y dijo:

—Duerme un poco. ¿Qué te crees que eres?, ¿un santuario al borde del camino?

Xuefeng se tocó el pecho y dijo:

—Mi corazón no está en paz. No puedo engañarme.

Yantou lanzó un fuerte grito.

—¿No sabes que el tesoro familiar no entra por la puerta? —dijo—. Deja que la enseñanza fluya de tu propio pecho para cubrir el cielo y la tierra.

Xuefeng, súbitamente iluminado, gritó:

—¡Hoy la montaña Tortuga por fin ha despertado!

Amistad

> Caminaremos por encima de los viñedos,
> susurraremos juntos, riendo, mientras los
> zarcillos se desenroscan, el cielo se dobla,
> pisando tierra seca; rayas de sol en la ladera
> de la colina, cabezas que se inclinan y se
> juntan y nunca se cansan de ese lugar.[1]
>
> ALICIA KEANE

Es habitual sentirse solo, percibirse pequeño y solitario en la inmensidad de las cosas. Resulta fácil entonces pensar en un amigo como territorio familiar esculpido en esa inmensidad, una especie de diario viviente para compartir y almacenar los sentimientos del día y así poder seguir con la vida más o menos como de costumbre. Pero hay amistades que no sólo mitigan la soledad, sino que la socavan al hacer que te percibas de otra manera. Las amistades de ese tipo pueden estar cargadas de cariño. Los amigos pueden ser almas gemelas, y demostrar que los logros humanos raras veces son solitarios, aun cuando lo parecen. Sin embargo, tan buenas razones no constituyen ni la base ni el alimento de ese segundo tipo de amistad. Éste no depende de razones; las razones, al fin y al cabo, van y vienen. Lo que escapa a las razones puede parecer incomprensible, pero hacemos toda clase de cosas porque sí, porque las amamos, y algunas amistades exceden cualquier porqué. Si tienes una amistad así, quizá te ayude a encontrar tu propia fuerza.

EL KOAN

La montaña Tortuga despierta

Hace mucho tiempo, en el monte Deshan, en China, había una comunidad adonde dos hombres habían ido para refugiarse de las tormentas de la vida en el mundo exterior, tormentas que conocían de primera mano. Aunque al principio parecían polos opuestos, se hicieron amigos. Resultó que uno de ellos, llamado Xuefeng, fue muy longevo y famoso, pero durante largos años nadie esperó demasiado de él. Xuefeng era talentoso para una cosa: era cocinero y aportaba al camino espiritual confianza en el trabajo duro, la precisión y el placer. Por lo demás, era fornido, de cuerpo macizo y algo opaco en cuanto a personalidad, como si desde su interior una gran energía que se iba calentando poco a poco mantuviera el mundo a raya, a la vez que mostraba mucho acerca de sus motivaciones y forma de vida.

Xuefeng esperaba una transformación interior que no tenía prisa por llegar. Perseveraba en lo que no parecía funcionar, que en su caso era la meditación, ya que la alternativa era..., bueno, no imaginaba la alternativa. Era como el chico que no tiene habilidad para tratar con las chicas pero insiste obstinadamente en invitarlas a salir. Albert Ellis, el psicólogo, cuenta que, de joven, decidió invitar a salir a un centenar de chicas, convencido de que las negativas sufridas en sus primeros intentos se habían debido a una técnica poco ensayada y a la escasez de la muestra. Ambos problemas, se dijo, podrían solucionarse aumentando el tamaño de la muestra. Decidió ir al zoológico, donde había visto a mujeres en bancos leyendo. Se llevó un libro y se sentó en un banco. Invitó a cien chicas a una cita. Ninguna dijo que sí. Concluyó entonces que cien era una muestra demasiado pequeña y emprendió otros cien intentos. El hombre de nuestra historia había anhelado la iluminación durante veinticinco años. También decidió que no había dado al método suficientes oportunidades.

Y esto apunta al lado más profundo de Xuefeng: su respeto por la duración, la conciencia de que las cosas buenas tardan en ocurrir. Le gustaba reunir pruebas para tomar la decisión correcta, saboreaba la lentitud con que se desplegaban los jardines, las flores y las galaxias, el perezoso hervor de una salsa de hongos. Le gustaba escribir y recordaba que los primeros caracteres escritos provenían de los dibujos hechos por el calor cuando se usaba una concha de tortuga como oráculo. Aunque no sabía si creer en esa leyenda, como cocinero le transmitía un agradable sentido de la historia. Para él, los logros llegaban por acumulación, formando capas.

El otro hombre de esta historia es Yantou, más joven y una especie de payaso que decía ser más iluminado que el maestro. Hacía bromas sobre la religión, el sexo y el retrete, lo cual no sería sorprendente si él y Xuefeng no hubieran vivido en un monasterio. Algunos maestros esperan secretamente que ese tipo de discípulos fracasen, para poder decir: «¡Qué insoportable era!». El maestro de Yantou era mayor e indiferente a las opiniones de los demás, y promovió a Yantou. Sus payasadas tenían fundamentos oscuros y parecían ayudar a mantener la vida en el templo, quizá excesivamente dedicada a la luz. En el 845, cuando los budistas eran perseguidos y asesinados por un emperador al que no le gustaban, el maestro había pasado un año en una cueva, sin hacer gran cosa, esperando. Yantou se hizo barquero y transportaba gente al otro lado del río. Alcanzar la otra orilla es una metáfora de la iluminación, así que ésa era otra de sus bromas. Digamos que no se tomaba una crisis más en serio que la lluvia. La gente admiraba esa cualidad aunque en el fondo se preguntaba si no sería simple crueldad.

Xuefeng sentía gran simpatía por Yantou. Estaba seguro de que era una especie de genio, muchísimo más capaz que él; pero se sentía plenamente aceptado por el joven. El cocinero creía que, así como la iluminación tardaba en llegar, las amistades necesitaban tiempo para ganar profundidad. Llevaba a Yantou en su corazón como amigo, y cuando estaban juntos creía que todo era posible.

Ahora bien, si eras amigo de Yantou, él no compartía tus emociones ni tus decepciones en el amor y en el trabajo. No podías conversar con él para superar una crisis y seguir con tu vida más o menos como antes. Yantou no servía para eso. No le importaba restablecer la normalidad. A lo que ayudaba era a cambiar de actitud. Siempre estaba dispuesto a experimentar en tu mente. No sentía empatía por tu problema, sino por cómo tu problema podía abrir una puerta. A pesar de sus diferencias de enfoque, donde veías a Yantou pronto veías a Xuefeng. Entre los períodos de retiro iban de vacaciones juntos y deambulaban por las montañas, así que parecía evidente que la amistad era mutua.

Una tarde, hacia el final del año, estaban de excursión, recorriendo un valle en Hunan. Yantou tenía una disposición infantil a interesarse por todo: un castaño, una mariposa, otro viajero. A veces mostraba una nula capacidad de atención, pero cuando se fijaba en algo, se olvidaba de todo lo demás. Su vivaz rostro no presentaba demasiadas arrugas. Con su amigo, Xuefeng era completamente feliz. Miraba al frente y renqueaba, sudando, responsable, como un oso en un cuento de hadas, cargado de ollas. Le gustaba caminar, le gustaba la carga que llevaba en la espalda y la sensación de peso que eso daba a su vida. Caminar no era necesariamente un medio para llegar a alguna parte. Estar en el tiempo, vagabundear, hacía que el tiempo pareciera menos una carga, y el presente, más duradero.

Mientras transcurría la tarde, fueron subiendo, aparecieron más montañas y pasaron del otoño al invierno. Había ahora grava bajo sus pies. Desde el norte llegaban nubarrones, el viento les atravesaba la ropa y Xuefeng empezó a tratar de no pensar en calentarse. Yantou se quejaba y se reía y agitaba los brazos, y parecía disfrutar del cambio. Por la noche habían llegado a la Hostería de Viajeros de la Montaña Tortuga, que era más bien una cabaña y debía su existencia a caprichos cartográficos: dos provincias tenían allí límites y hacía falta una estación aduanera. En su habitación había una lumbre que se ventilaba por debajo de la cama de ladrillo, el único mueble.

Por la noche, Xuefeng salió un momento; hacía mucho frío, y lo recibió un muro de silencio. Empezaron a caer grandes copos de nieve, como si se hubiera despertado sólo para ver el comienzo de la nevada. Por la mañana no había nadie en los caminos, y mirando esa blanca extensión tuvo una sensación atemporal y relajante. Los dos compañeros comieron arroz y mijo y miraron las paredes. Yantou, habiendo agotado sus chistes, giró hacia su parte de la cama, se envolvió en el edredón y se durmió. Xuefeng pensó que podía aprovechar la oportunidad y se sentó a meditar. Se acomodó con rapidez sin sentirse cansado ni aburrido. Tenía la mente tranquila y despejada dentro de la pequeña cabaña. Estaba tan concentrado que sudó y fue como si perdiera peso.

Nevó durante tres días y tres noches. De vez en cuando, Yantou abría los ojos, veía a Xuefeng sentado a la luz del fuego, se levantaba, echaba leña y volvía a dormirse. Xuefeng pensaba que a su amigo no le importaba mucho la duración, el lento acopio de la preparación, y no parecía tomarse tiempo para decidir o aprender. Yantou parecía un antropólogo, como si viniera de un mundo en el que el tiempo no era estricto y la vida y la muerte no eran lo principal, sólo dos cosas entre otras muchas. Yantou había dicho una vez que le gustaba vivir, que con vivir bastaba, así que —quién sabe— quizá dormir durante días le resultaba emocionante. Su amabilidad, decidió Xuefeng, provenía de la forma en que se relajaba y dejaba que el tiempo y el momento se apoderaran de él. No quería estar sino donde estaba, y aunque no parecía necesitar mucho, disfrutaba transmitiendo a otros su percepción. Después Xuefeng se internó en lugares donde sus pensamientos eran más ligeros que los copos de nieve y se derretían antes de que puediera atraparlos.

Al tercer día, Yantou se incorporó y dijo sin rodeos y con amabilidad:

—¡Duerme un poco! ¿Qué te crees que eres?, ¿un santuario al borde del camino?

Sólo quedaban en Xuefeng hilos de melancolía mínimos, pero que ardían como los largos filamentos de una medusa. Se tocó el pecho y con sencillez dijo:

—Mi corazón no está en paz. No puedo engañarme. Y pensaba que aquí arriba, donde hay tanto silencio...

Dijo Yantou:

—Como eres tan sincero y todo eso, siempre he pensado que llegarías a ser maestro.

Por lo general, Xuefeng se tomaba las palabras de su amigo literalmente, ya que las demás posibilidades eran tan diversas que resultaban incalculables. La meditación hacía que Xuefeng advirtiera la rareza visual de las cosas normales, su tendencia hacia lo no común y corriente. En la penumbra, los ojos de su amigo se veían hermosos, no del todo humanos.

—Bueno, ya que preguntas, sí, me preocupo, me pongo ansioso, mi vida pasa como un caballo al galope. Me deprimo, no me siento útil. Pero otras veces me siento despejado, como si..., bueno, como si no hubiera el más mínimo velo sobre mis ojos, y luego me olvido de nuevo.

—¿Por qué no me lo dices? Puedo hacerte saber si estás o no en el camino correcto. —Yantou sonrió—. Te quitaré las ideas de un porrazo, te podaré las opiniones.

Xuefeng tomó la invitación como una señal para describir momentos de preciada clarividencia a lo largo de los años, todo lo que entendía sobre el universo. «Sí —pensó—, esto es exactamente lo que necesito: contárselo a mi amigo, y él lo entenderá.» En cuanto empezó a hablar, se entusiasmó con la tarea y su anhelo fue en aumento; hasta le dolía el pecho. Cada experiencia que describía, Yantou se la discutía. Xuefeng no podía protestar. Las historias eran bonitas, pero transcurrían en el pasado. Decía: «Era como si un cubo se hubiera desfondado», pero la voz contraria en su cabeza no se dejaba impresionar: «¿Dónde está ahora ese cubo desfondado? —preguntó—. El cubo todavía tiene miedos.» Yantou tampoco estaba impresionado. Xuefeng vio que lo que en un momento había sido importante, un atisbo de inmensa felicidad, era real, pero había perdido el poder de aliviar.

Xuefeng se sentía pálido y demacrado; le habían pinchado el globo. Pero incluso esa emoción la veía como una pequeña y transparente duda, casi una oración, una lágrima, una gota de lluvia, un abalorio de cristal. Sin logros con los que compararse, su dolor se desvaneció. Quedó un sencillo silencio. Entonces, en el silencio, Yantou hizo algo sorprendente: rugió. Su rugido, o grito, o lo que fuera, resultó ensordecedor en la cabaña. Fue entonces cuando todo se detuvo para Xuefeng. No pensaba en «ruido» o «fuerte». No oía. No tenía nada en la mente. Xuefeng temblaba y se estremecía. Las pegadizas palabras de una vieja canción le daban vueltas en la cabeza: «Cualquier otro lugar está demasiado lejos». En ese momento, sus pensamientos no parecían pertenecerle.

Entonces dijo Yantou:

—¿No sabes que el tesoro de la familia no entra por la puerta? Deja que la enseñanza fluya de tu propio pecho para cubrir el cielo y la tierra.

Estas palabras normales y corrientes golpearon a Xuefeng como un puñetazo en el pecho. Sintió que su corazón era más grande que todo el espacio; lloró y gritó. Gritó de alegría:

—¡Hoy la montaña Tortuga por fin ha despertado! ¡La montaña Tortuga ha encontrado el camino!

Yantou se rió y lo sacudió y lo agarró, y bailaron juntos. Bailaron lentamente, con torpe gracia, mientras la nieve caía en silencio y el mundo permanecía inmóvil. Después Yantou comió una ración extra de arroz y se durmió de nuevo. Xuefeng no durmió, pero veló con alegría toda la noche.

¿Y si fuera verdad que el entendimiento y la alegría auténticos no vienen del lado que esperas? Si lo que realmente quieres puede venir de cualquier lado, esa información quizá cambie la manera en que conduces tu vida. En vez de estar atento al peligro, podrías estar atento a la felicidad. Algunas personas no recuerdan sus sueños, pero si tratan de recordarlos, sus sueños se vuelven poco a poco conscientes: primero un fragmento, después una escena y así sucesivamente. Aprenden a caminar por el reino de los sueños, y cosas que antes parecían demasiado pequeñas para ser percibidas se vuelven obvias. Así podría ser la felicidad. Si estuvieras dispuesto a relajarte al margen de las circunstancias, no habría nada malo en la tristeza o cualquier otra dificultad. Como la alegría puede estar escondida en cualquier parte, en caso necesario estarías dispuesto a mirar con curiosidad la tristeza o el miedo.

La versión de Xuefeng de esta estrategia es esperar y dejar que las cosas vengan a él. Cuando sientes pena, se podría interpretar como una invitación a sentarte, exactamente donde estás, sobre la alfombra marrón afgana, y experimentar más tu propia vida. A lo mejor eres feliz, allí en la alfombra marrón afgana; no importa. De repente oyes, oyes de verdad, los gansos silvestres que pasan graznando por encima. Si no pides a tu dolor que se vaya, o intentas que la felicidad se quede, cualquiera de los dos puede ser una mera presencia, como la nieve en la montaña Tortuga. Entonces, tanto la felicidad como el dolor pueden ser interesantes e incluso, paradójicamente, satisfactorios. La pena puede ser una especie de caja de Pandora a la inversa, de la que, al abrirla, sale la felicidad. Esa felicidad podría saltar y decir:

—¡Hoy los gansos silvestres han encontrado el camino!

Existe un refrán que dice que todo lo que hacemos está al servicio del yo, que no existe. Xuefeng sintió que ahora estaba en el mundo de su amigo, porque compartían un idioma. Xuefeng vio la montaña como su propio cuerpo y por eso también se iluminó. Eso era mucho tener, pero no era algo personal o grandioso. ¿Y si se hubiera despertado al ver un ratón? ¿Habría gritado: «¡Hoy el ratón ha encontrado el camino!»? Sí, claro que lo habría hecho. Al fin y al cabo, la imagen que había tenido de sí mismo no era tan importante. Decidió que esa percepción era lo que hacía parecer a Yantou tan objetivo; Yantou no tenía una idea de Yantou que hubiera que acicalar y arreglar.

El grito de Yantou siguió resonando en el brillo de las cosas alrededor de Xuefeng, que contra todo pronóstico se volvió divertido y célebre. Miles de personas acudían a Xuefeng. Algunos de sus alumnos se convirtieron en grandes maestros de la época; otros se transformaron, pero vivieron invisibles y anónimos, como se supone que hacen los dragones chinos, enseñando caligrafía en los centros comerciales. Otros, por supuesto, no notaron en ellos mismos ningún cambio especial. Cuando la gente le daba las gracias, él decía: «Yo no he tenido nada que ver». Parecía considerar la enseñanza como una fiesta prolongada con chistes oscuros.

Xuefeng no pensaba que su punto de vista se limitara a su propio cuerpo o a su propia personalidad, sino que también hablaba de las ciudades, de los ríos, de los árboles. William Blake vio el cielo en una flor silvestre.

Dijo Xuefeng:

—Cuando recojo la tierra entre los dedos, es del tamaño de un grano de arroz. Cuando la suelte, quizá en un cubo negro, no la encontrarás por ninguna parte. Toca el tambor, llama a todos para que la busquen.

En otra ocasión, quizá cuando la piedad de los monjes lo estaba poniendo nervioso, dijo:

—El mundo entero es un ojo de monje. ¿Adónde irás a cagar?

Cuando Yantou se convirtió en maestro, su carácter siguió siendo el de siempre: impredecible, indiferente a las cosas que otros valoraban. Era tan listo que los demás creían que sabía lo que hacía. Cuando atacaron su templo, despachó a su gente pero él se sentó a meditar en la gran sala. Quizá estaba cansado de la larga guerra; quizá miró dentro y no encontró la idea de huida. Un soldado entró por el suelo de baldosas blancas y negras y lo mató con una lanza. Yantou había dicho que cuando se muriera lo haría con un fuerte grito, y en las aldeas de los alrededores, a kilómetros de distancia, la gente aseguraba haber oído ese grito, su última enseñanza, la misma que había impartido en la Montaña Tortuga. Cuando era amigo, era un buen amigo, y cuando tenía que irse no era el tipo de persona que se quedaba dando vueltas.

Mientras que el tema obvio de este koan sobre la montaña Tortuga es señalar las impredecibles fuentes de alegría, el otro tema es el del verdadero amigo. El verdadero amigo aquí es el que te sorprende o te incomoda de una manera particular. Mientras estés obsesionado con algo en concreto, el amigo puede parecer una distracción, o incluso una molestia, pero cuando eso sucede es muy probable que esté haciendo una gran labor como amigo tuyo.

10

EL GRAN CAMINO NO ES DIFÍCIL

Zhaozhou citaba a menudo este refrán de Sengcan:

«El gran camino no es difícil si no eres demasiado exigente a la hora de escoger».

La vida *con* y *sin* tus preciadas creencias

Todo es sufrimiento para
quienes discriminan.[1]

Patanjali en los *Yoga Sutras*

Tengo cuatro grandes votos:
cuando siento hambre, como;
cuando hace frío, me pongo
más ropa;
cuando estoy cansado, me
acuesto y duermo;
cuando hace calor, me gusta
encontrar una brisa fresca.[2]

Baiyun Shouduan

Un koan te muestra dos condiciones para tu mente: una condición *con* y otra *sin*. Ésta es una manera natural de entender las cosas: la vida como un anuncio de bótox en el que se muestra un rostro demacrado, desgastado, *con* arrugas, y luego la versión mejorada, tan suave como el trasero de un bebé, *sin* arrugas. Un koan utiliza este deseo natural de comparar cosas de una manera interesante: cuando trabajas con el koan, lo que tienes *con* o *sin* es tu mapa, tus creencias más preciadas, tu historia sobre cómo debería ser tu vida en el momento en que te encuentras.

La condición *con* es la que, de una manera irreflexiva, consideras verdadera. Las creencias tienen consecuencias; construyen su propio mundo ficticio. Cuando crees algo, por lo general quieres que el mundo esté de acuerdo contigo para respaldar tu historia. Como es raro que eso ocurra, tu historia incluirá conflictos en la trama. En la condición *sin*, ves el mundo sin querer que sea diferente de como es. La condición *sin* es un acto de imaginación. Te preguntas: «¿Cómo sería el mundo si yo lo amara tal como es?». He aquí un koan que muestra el poder de imaginar la vida cuando no dependes de las historias que normalmente te cuentas. También te muestra cómo es la vida en la condición *con* cuando tus mapas del mundo difieren del territorio real del mundo.

EL KOAN

El gran camino no es difícil.

Zhaozhou citaba a menudo este refrán de Sengcan:

«El gran camino no es difícil si no eres demasiado exigente a la hora de escoger».

TRABAJAR CON EL KOAN

Todo el mundo sabe que algunos acontecimientos son malos y te entristecen o te enfadan, y otros son buenos y te alegran. Sin embargo, lo que todo el mundo sabe puede no ser cierto. Por ejemplo, puede haber cierta presión en el sentido de que las bodas deben ser felices y los funerales tristes. Eso podría impedirte percibir el momento en que te encuentras. ¿Y si los acontecimientos no tuvieran que ser otra cosa que lo que son? Los niños se ríen en los entierros, algunas lágrimas derramadas por las novias son más de desilusión que de alegría. Ser despedido o perder a alguien muy querido puede abrir una nueva vida inesperadamente hermosa. Puedes estar blindado contra un acontecimiento desagradable que acaba por no serlo. En vez de luchar contra aquello de lo que estás convencido que debe estar sucediendo, quizá sería estimulante que te acercaras a los acontecimientos sin armadura, yendo al encuentro de su desnudez con tu propia desnudez. Ése también podría ser un enfoque amable, ya que no crea ningún conflicto en tu corazón.

Según una leyenda, el Buda decide no ser demasiado exigente a la hora escoger. Al borde de su propio cambio profundo de actitud, el Buda medita toda la noche bajo una higuera y se le ocurre una imagen. Recuerda que, de niño, mientras su padre araba un campo en una ceremonia anual, lo dejaron a la sombra de un yambo. En ese momento el niño no tiene a nadie que lo distraiga; no está vigilado por nadie. Su padre ara absorto. El aire es agradable, el follaje, verde, la sombra, fresca. Sin nada en la mente, el niño no quiere ni teme nada. El sol parece detenerse. Es delicioso estar vivo. Siente una felicidad que no nace del deseo. El niño recorre todo el campo con la mirada. No encuentra resistencia, ni tensión, ni conflicto interior; todo es suficiente. No hay nada que añadir, nada que quitar. Se le ocurrió que explorar ese enfoque, descubierto en la infancia, podía conducir hacia donde reside la iluminación.[3]

El no ser demasiado exigente a la hora escoger es algo a lo que llega todo niño; es el estado natural de una mente tranquila. Entonces el niño percibe que los pensamientos y los sentimientos están siempre en crecimiento y que no son perturbadores: los pensamientos y los sentimientos son cosas del mundo tanto como las flores y las sombrillas, y no hace falta estar de acuerdo con ellos ni pelearse con ellos. Es fácil no ponerse a escoger ante las propias reacciones, ante el propio impulso de escoger.

Todo el mundo sabe que el budismo trata sobre el desapego, y la gente puede pensar que no escoger significa falta de preferencias. Sin embargo, el desapego puede conducir a la guerra con la parte de ti que disfruta del mundo. En ese caso, el desapego sería sólo otra creencia tiránica y esencialmente una fuente de infelicidad. No escoger podría ser lo opuesto al desapego, algo más inquietante y exigente. Si alguien te pregunta: «¿Vainilla o chocolate?», y notas que hoy te gustaría vainilla, y lo dices, puede que eso no sea escoger. Si dices: «Me da igual, ¿qué vas a tomar tú?», eso podría ser escoger. Podrías estar tratando de adivinar qué quiere tu anfitrión. Quizá quieras vainilla pero no estés dispuesto a confesar tu deseo.

Descubrí algo sobre este koan cuando me llamó mi hermana para decirme que mi madre se estaba muriendo. Bajé del avión en agosto en Launceston, Tasmania, entre ráfagas de viento y lluvia fría. Sábanas de agua cubrían las dehesas; el equipaje de los carros brillaba. Las colinas eran tan verdes como en sueños, a las ovejas merinas les brotaban semillas verdes en la lana. Mi hermana me llevó directamente del aeropuerto a la cabecera de la cama de mi madre en el hospital. Mi madre, pensaba el médico, estaba esperando mi llegada y podía no durar toda la noche. «¿De qué se está muriendo?», le pregunté. «De nada, de todo.» Era un médico que reflexionaba sobre la vida e imaginaba que también tú podrías hacerlo con él. Meditó un momento. «No hay una razón. Simplemente se ha agotado.» Mi madre estaba extremadamente acabada; su cabello era fino como el de un bebé, blanco como un hueso, y le flotaba por encima del cráneo. Su piel tenía una extraña translucidez, atenuada por grandes manchas oscuras allí donde las enfermeras habían intentado encontrar una vena y ella había sangrado por debajo de la superficie.

Le cogí la mano y me senté a su lado. A la mañana siguiente aún estaba viva, así que hice lo mismo. Mi hermana negociaba con las enfermeras sobre los niveles de oxígeno. Era una actividad intensa. Mi padre trataba de animar a mi madre a que se quedara en este mundo, a que comiera por él, por la vida.

—¿Puedo tentarte con una cucharada de este flan, Alison? Quizá te guste.

Mi madre se mostró indiferente, impaciente, grosera:

—¡No sabes de lo que hablas, no te importa, nunca me has escuchado, nunca!

—Ay, Alison —dijo él, desconsolado.

Todos, menos yo, tenían algo que hacer. Empecé a pensar en el amor. De inmediato advertí que, cada vez que quería que alguien fuera diferente, la habitación se llenaba de tristeza y de dolor. En esa situación, empecé a luchar y a sentir una profunda angustia. En realidad no había en eso nada malo. Era intenso e interesante, pero mi madre no parecía necesitar que le diera eso. Mi padre o mi hermana tampoco lo necesitaban. Tampoco era algo que yo necesitara. Entonces, ¿por quién luchaba y sentía pena?

Advertí que resultaba fácil pensar que mi padre debía aceptar que mi madre se moría y dejarla ir. Aceptación, la última fase y todo eso. Y era fácil pensar que mi madre, al irse, debería bendecir a papá, ¿por qué no? O que podría considerarme capaz de ayudar, limar asperezas en la conversación, engrasar las ruedas. Con cualquiera de esos pensamientos la habitación se volvía pequeña y temible. Había una sensación de tensión, de necesidad de cambiar a los demás, de la inutilidad de la tarea de escoger. El deseo de cambiar yo mismo también me llevaba a esa tensión. Ésa era la condición *con*: *con* arrugas, *con* delirios de control. Pero cuando yo quería que nadie fuera diferente, la habitación se volvía grande y tranquila. Algo obvio en el sentido de «¿Por qué no se me habrá ocurrido antes?» que a veces adoptan las cosas importantes. Lo obvio parecía bueno. No creía que mi madre debiera vivir más tiempo o que conviniera que muriera más rápido o sin dolor. Lo que hacía era suficientemente bueno. Yo quería que mi madre tuviera la muerte que le correspondía, y veía que sólo ella podía saber cuál era.

Y como la acompañaba mi padre, dependía de él. Podía confiar en que supiera lo que debía hacer.

En la condición *sin*, parecía probable que mi padre hablara movido por el amor, y que mi madre lo rechazara por amor. En un matrimonio largo, los códigos verbales de la pareja pueden carecer de sentido para los demás, incluidos sus propios hijos. El aparente ataque de mi madre a mi padre podría haber significado: «Siempre me he sentido oprimida y éste es mi veredicto final sobre el matrimonio». Sin embargo, con la misma facilidad podría haber dicho: «Lamento mucho dejarte. Me esfuerzo, pero creo que no puedo quedarme. No quiero darte falsas esperanzas». Y los halagos de mi padre quizá también decían: «Te acompañaré todo el tiempo que pueda para que no te sientas sola».

En aquella habitación, hice todo lo que se me ocurrió sin pensar mucho al respecto. Sobre todo leía en voz alta a los poetas un poco sombríos y anticuados que le gustaban: Matthew Arnold, Thomas Hardy, algo de Robert Frost. Leía de un viejo libro de décimo grado, *Una galaxia de poemas viejos y nuevos*. Dentro aparecía escrito mi nombre con letra infantil, y también el nombre del niño al que había pertenecido antes que a mí. A veces, mientras leía, le cogía la mano. Era el final del invierno. Llegaban los vendavales, y los vientos del gran océano Antártico golpeaban las ventanas, ofreciendo la especie de compañía mezclada con temor que tan bien conocía la gente de mar. Me reconfortaba el viento que rugía en la oscuridad y confiaba en que, al andar, aparecería un sendero. Entonces todo el mundo parecía estar libre, y la habitación de la residencia era grande y agradable, un sitio tranquilo para pasar una tarde de invierno, observando los huecos de luz que se formaban, los petirrojos que saltaban con ramitas en el pico, y después la lluvia que azotaba de nuevo las ventanas, la estación que empezaba a cambiar.

Algo más sobre la residencia. Según se decía en nuestra familia, mamá era a menudo difícil. Yo tenía pruebas, recuerdos; los psicoterapeutas estaban de acuerdo con esos recuerdos. Pero después de haberme sentado en esa habitación, sin querer que nadie fuera diferente, tampoco quería que nada de mi vida hubiera sido diferente. Mi hermana y yo empezamos a contarnos los Famosos Enfados de Mamá: «¿Puedes creer que hiciera eso?». Descubrí que, aunque recordaba las historias, no lo hacía mi cuerpo. Ya no podía saber con certeza qué pretendían las acciones de mi madre, de mi padre o las mías. Resultaba fácil pensar que lo que alguna vez había sido recibido como aspereza podría haber constituido un paso por uno de los tortuosos caminos del afecto. Al final, mi madre superó las expectativas de la residencia y las expectativas de todos los demás. Volvió a casa y vivió lo suficiente para pasar otra Navidad. Aquello resultó ser un concierto de despedida de una cantante lírica; un ensayo para otra despedida en un indeterminado futuro.

La noche que murió, mi madre estaba de nuevo en la residencia, y la telefoneé desde California. Yo no tenía ninguna urgencia particular ni la sensación de que esa llamada llegara más en el límite que cualquier otra. La oí decir «Hola...» con mucha dulzura y después se preguntó con impaciencia por qué lado del teléfono debía hablar. Sonaba como el coronel de una novela de misterio inglesa: alguien que no toleraba las innovaciones, por ejemplo las camisas con cuello adherido y los teléfonos sin manivela. Ella sabía que yo estaba en el otro extremo, pero no podía conversar y manipular el teléfono al mismo tiempo. Quizá fuera el efecto de un derrame cerebral que había sufrido muchos años antes. Su inteligencia se frustraba cuando su cuerpo no entendía lo que se le pedía, o carecía de conocimientos básicos de tasmaniano. Parecía que hablara por el auricular del teléfono y escuchaba por el micrófono. Eso quizá explicaba los gorjeos y crujidos que yo oía en California. Como muchos problemas humanos, era absurdo; el problema me impedía explicarle a ella el problema. «¡Ay, demonios! —dijo—. ¡Maldita cosa! Nunca me ha gustado.» Por el ruido, fue evidente que se le había caído el teléfono o lo había arrojado.

Volví a llamar varias veces, pensando que tal vez podría recoger el aparato. Pero, como no había colgado, la línea comunicaba. La enfermería no contestaba. Antes del amanecer de la mañana siguiente oí la voz de mi padre en el contestador automático. «Mamá ha muerto, John. Es todo lo que tengo que decir. Adiós.» Sentí amor por él y también sentí que mi madre se había despedido de una manera completamente satisfactoria.

Éstos son, por tanto, mis ejemplos de condiciones *con* y *sin*. Con y sin una creencia que guiara el procedimiento. No hay nada de malo en creer que la gente debe morir de cierta manera y, para el caso, sentir la excitación de la certeza que viene con cualquier emoción fuerte, incluida la pena. Eso también es vida. Si no te desagrada tu propio desagrado, está presente la opción de no escoger. No se trata de una disciplina ni de algo bueno que haya que lograr. Por otra parte, la libertad siempre es interesante. Cuando me faltaba lo que debería hacer y podría hacer y estaba en condiciones de hacer, me limité a realizar lo que era obvio y me era dado. Experimenté eso como una de las formas del amor.

John Cage tiene una famosa pieza musical llamada 4'33", en la que todas las notas son mudas. Aunque a menudo se ha interpretado al piano, la partitura permite que cualquier número de personas toque cualquier número de instrumentos. Todo lo que sucede junto con eso termina siendo la pieza. La tos, la sirena que viene por la avenida, tú preguntándote si va a pasar algo, el aire acondicionado, tu recuerdo de la iglesia en la infancia, tu sensación de estar esperando algo. Lo que realmente sucede siempre sucede ahora. Siempre es ahora. Lo que sucede cuando piensas que algo más sucede es lo que sucede.

El funeral de mi madre tuvo otro buen momento John Cage. Mi hermana y yo descubrimos que el equipo de sonido de mis padres era muy antiguo y que el de la capilla funeraria requería cintas o CD, no vinilos. Buscamos en cajones que rara vez se abrían y encontramos casetes de amoríos serranos y extrañas arias hasta que nos decidimos por una cinta de una pieza de Vivaldi. Se la di al director de la funeraria, un hombre agradable que había conocido a mi madre en otras ocasiones. La idea era que, al apretar el botón para enviar a mamá al fuego, él pondría en marcha la cinta y Vivaldi llenaría la capilla. Así que avanzamos a torpemente por nuestras cariñosas y difíciles lecturas y diminutos discursos; entonces apretaron el botón, y mientras el ataúd avanzaba solemnemente hacia el horno, unos chillidos disfuncionales salieron como una lluvia de flechas del sistema de sonido. La cinta seguía intentando reproducirse y sus chasquidos y rechinamientos se amplificaban con gran eficiencia en los altavoces del techo. El ataúd había desaparecido. Nos costaba mucho retroceder e intentarlo de nuevo. Así que ésa era su música. Nada de escoger. El director confesó que había insertado mal la cinta. Le estreché la mano y le dije que la ceremonia era perfecta. Cada uno tiene su propia muerte, y comprender eso parece permitir que cada uno tenga también su propia vida.

Después de la muerte de mi madre, soñé que ella caminaba despacio y con algo de esfuerzo por un sendero del campo. Al parecer, sentía mi mirada. Pero, como si supiera que eso era sólo para ella, no se volvió para hablar, ni pidió nada. Afrontó lo que se le presentaba como una tarea, y ahora su tarea era ir a pie hasta la muerte. La vi caminar por aquel sendero hasta que se perdió de vista. Parecía saber lo que hacía. Ninguno de nosotros tenía que escoger.

11

EL CIPRÉS DEL JARDÍN

Alguien preguntó a Zhaozhou:

—¿Por qué vino Bodhidharma del oeste?

Respondió Zhaozhou:

—El ciprés del jardín.

El problema de los antepasados

> Sobre los pinos, aprende del pino,
> y sobre bambú, del bambú.[1]
>
> Consejo a los poetas
> de Matsuo Basho

A veces puede ser útil salir de la corriente del tiempo y acercarse a las mentes de los antiguos sabios. Los antepasados zen habían encontrado un método para cambiar la mentalidad, y su problema era transmitir lo que habían descubierto. No había una manera obvia de hacerlo, así que inventaron los koans. La idea es que, cuando pasas algún tiempo con el koan, éste te devuelve el resplandor del corazón de quien lo creó. Podríamos imaginar los koans como frascos de luz antigua. Hay algo extraño en esta forma de encontrarse con los antepasados: cuando se acercan a través de la noche y de los años para ofrecerte su luz, quizá descubras que lo que te han dado es tu propia luz, algo que te pertenece. He aquí un koan sobre lo que se transmite.

EL KOAN

El ciprés del jardín

Este koan comienza con un hombre que quería tocar algo real y fue a pedir ayuda a un maestro. Dudaba que en su propia vida pudiera encontrar algo valioso, y creyó que debía viajar muy lejos y retroceder mucho en el tiempo para llegar a un punto de origen del nexo que buscaba. Así que hizo una pregunta sobre un antepasado espiritual muerto hacía muchos años.

Alguien preguntó a Zhaozhou:

—¿Por qué vino Bodhidharma del oeste?

Respondió Zhaozhou:

—El ciprés del jardín.

TRABAJAR CON EL KOAN

Aquí la situación es que el hombre quiere conectarse con un bisabuelo espiritual. Y Zhaozhou ofrece un árbol en el jardín, como si dijera: «No tienes que ir tan lejos». Puesto que la historia de este koan comienza con Zhaozhou, el maestro que mandó los koans hacia nosotros, en un largo viaje, aquí vamos a hablar un poco de él.

Cuando Zhaozhou era adolescente, en el siglo VIII, abandonó su ciudad, un lugar llamado Imagen de la Suerte. El niño viajó para ver a un maestro, llamado Nanquan, que al parecer sabía algo sobre la forma en que está construido el mundo. El maestro estaba acostado, descansando, pero, como una celebridad, recibía visitas y hacía negocios desde la cama. Esa imagen no era algo que el niño hubiera esperado, y le pareció gratificante; quería sentir que entraba en un nuevo reino.

—¿De dónde eres, jovencito? —preguntó el maestro.

—De Imagen de la Suerte.

—¿Así que viste la imagen? —preguntó el maestro.

Zhaozhou sintió que la conversación ya empezaba a sesgarse, que era lo que él había esperado.

—No, pero veo a un Buda acostado.

El maestro se rió y se sentó:

—Bueno, entonces, ¿tienes un maestro?

—Me alegra ver que te sientes un poco mejor —dijo Zhaozhou, y así fue como encontró un maestro.

Se quedó allí durante cuarenta años.

Poco antes de cumplir los sesenta, Zhaozhou inició un periplo de dos décadas para visitar a otros maestros. Le gustaban las rutinas de comediante, y ésta era una de sus conversaciones favoritas:

—Estás envejeciendo. ¿No has pensado en sentar cabeza?

—¿Dónde la siento? —respondía Zhaozhou.

—Bueno, podría dejarte una cabaña que tengo.

—Aprovéchala tú. —Y salía hacia el siguiente templo, hacia la siguiente conversación.

Un día, ese juego familiar y divertido tomó un rumbo diferente:

—¿No eres un poco mayorcito para andar por ahí vagabundeando?

—¿Dónde quieres que me asiente?

—¿Tan viejo eres que no lo sabes?

Zhaozhou se rió y dijo:

—He estado entrenando caballos durante treinta años, y hoy me ha pateado un burro.

Según se cuenta, cuando finalmente dejó de vagar, Zhaozhou enseñó durante casi cuarenta años.

Zhaozhou era impredecible. Cuando era muy mayor, se rompió una pata de su elaborada silla de maestro. No dejaba que nadie la reparara debidamente, pero hizo que ataran una rama a la pata rota para poder seguir usándola. Aducía que no quería que sus discípulos perdieran tiempo de su meditación, pero nadie le creía. Una razón más probable era que le gustara la pata rota, las astillas que sobresalían y la tosca rama atada a ella. Así la silla era más interesante. «Eso, eso», pensaba al mirarla. Parecía disfrutar de todo lo que pasaba, y para cualquiera que llegara era un buen anfitrión. Si hacía frío, disfrutaba del invierno y del fuego; si hacía calor, le gustaba caminar por la noche. Si estaba feliz, se reía; si estaba triste, sólo estaba triste. No se aferraba a la vida. Tener una silla perfecta estaba bien, pero tener una rama de árbol atada a la pata de la silla estaba aún mejor.

Como a otros a quienes les agrada que los entretengan, a Zhaozhou le gustaba el contraataque, y valía la pena hacerle preguntas. Sus historias eran diminutas antihistorias y derrotaban las que uno esperaba oír, y sus palabras seguían actuando cuando la conversación había terminado.

Volvamos al koan del ciprés. Puedes llegar a él mediante la pregunta o la respuesta. Primero, recorramos el camino de la pregunta. El legendario fundador del zen en China fue el bárbaro pelirrojo de ojos azules indio llamado Bodhidharma. Así que, ¿por qué Bodhidharma viajó hasta China para enseñar? También podrías preguntarte qué historias del pasado arrastras contigo. ¿Quiénes son tus antepasados y cómo te abren o te cierran la vida?

Los antepasados son personas que estuvieron implicadas en desastres y triunfos, y que te ofrecen pistas sobre quién podrías ser. Aunque no sepas nada de tu familia y te hayas criado en un orfanato, ésa es una noble ascendencia que compartes con muchos héroes y heroínas. El fruto de tener antepasados eres tú, junto con tus leyendas sobre la creación del mundo.

Cuando alguien pregunta a Zhaozhou sobre sus antepasados, él da una respuesta sesgada, ofreciendo una posibilidad que no estaba en la superficie de la pregunta. Podría decir:

—Preguntas sobre Bodhidharma como si estuviera a salvo en el pasado. Sin embargo, podrías toparte con el ciprés, y con tu vida, a través de los ojos de Bodhidharma. Si aprietas este ciprés contra tu pregunta, conocerás al viejo bárbaro. Podrías realizar tu versión del viaje que él emprendió, y hacer los descubrimientos que él hizo.

De la misma manera, Zhaozhou podría andar caminando por las calles de una ciudad contemporánea. Un maestro llamado Wumen dijo que, cuando un koan se te abre, en realidad conoces a los antepasados:

—Tus cejas se enredarán con las suyas, verás con los mismos ojos y oirás con los mismos oídos. ¿No será maravilloso?[2]

Si ves tu propia cocina sin miedo y sin anhelos, sin velos, podría estar intensamente viva. En un momento así, Bodhidharma mira la cocina. Cuando miras las encimeras, la verticalidad de las paredes, la ventana, los azulejos, la precisión de los ángulos de la habitación, el ciprés al otro lado de la ventana, las ramas del laurel entrelazadas con él y la camioneta con ruedas grandes estacionada en el camino, ya miras con los ojos de Bodhidharma. La talidad de las cosas emerge de la oscuridad reinante. Puede parecer que todo lo que ves ha estado presente desde siempre, y que tiene una exactitud, una enfática cualidad de ser precisamente lo que es. No es ésa la manera habitual de pensar en una herencia, que no consiste en los sillones y los títulos de propiedad de la tierra que se transmiten, sino en los ojos con los que se ve.

Un artista encontró atractivo este koan y lo llevó consigo día y noche.[3] Recordó a sus bárbaros personales, su tía de Los Ángeles que conducía un T-Bird descapotable, llevaba un biberón lleno de vodka en el asiento delantero y llegaba a casa al amanecer con un vestido negro para dormir en el sofá. Recordó a su padre, que había sido huérfano, y policía, y siempre llevaba una 45 en el bolsillo, y cuyo concepto de buena comida era hacer tres comidas al día. Aunque había pensado que esas figuras pertenecían a una vida de la que había huido, bajo la influencia del koan empezaron a cambiar, y se convirtieron en misteriosos portadores de interrogantes y bondad. Los pintó como maestros budistas, versiones de Bodhidharma, y escribió sus historias en las pinturas.

Después miró los árboles. No sentía que sus descubrimientos fueran personales; no se le habían ocurrido; sucedía que, mientras iba acompañado por ese koan, aparecía un punto de vista más amplio. Él y un árbol eran un acto imaginativo concebido por el universo. De algún modo podría afirmar con sinceridad: «Soy un árbol».

También dijo:

—Con este koan hubo un período en el que me identificaba con todo. Salía a dar un paseo por el centro y me convertía en el vaso de poliestireno, en el árbol, en el perro, en la persona sin techo. Siempre me había identificado con el primer plano de la vida, pero ahora me identificaba con el fondo. Al principio supe que yo era el árbol, pero aún no sabía que era Zhaozhou. Asistí a la escuela de arte en la época en que dibujábamos todo el tiempo. Un ejercicio era copiar a los viejos maestros. Así que copiábamos en detalle a Leonardo, a Rafael o a Corot. Empecé a ver las cosas como las veían ellos. Con este koan copio a Zhaozhou, que a través de él aparece y vive de nuevo. No de forma distante, a causa de la fama o el recuerdo. De hecho, sc convierte en mí tal como lo hace el ciprés.

Ese hombre no cambia a sus antepasados ni los expurga: los ve como son. Y como son, son hermosos, tan hermosos como Bodhidharma o el ciprés.

La historia del artista nos lleva a ese aspecto de los antepasados que sabemos que es peligroso, rondando por donde no se los quiere, pidiendo que arrojen gente a los volcanes. Algunos de los primeros ejemplos de escritura china aparecen en huesos oraculares y conchas de tortuga que se utilizaban para adivinar. Una pregunta típica era: «¿Cuántos prisioneros debo sacrificar?».

Se tiende a pensar que la bondad de los antepasados es necesaria; pero eso no puede ser cierto, ya que todo el mundo tiene antepasados criminales en algún lugar del árbol genealógico. Si Hitler fue antepasado tuyo, no cargas con ninguna culpa. Si Buda fue antepasado tuyo, no se te reconoce ningún mérito. Cuanto más llegas a conocerlos de una manera genuina, como lo hizo el pintor, más crece y cambia tu relación con tus antepasados y más interesante y compleja se vuelve. Gengis Kan es un héroe nacional en Mongolia, aunque no en China. Yo he navegado usando cartas de navegación dibujadas por el Capitán Cook, que sin embargo no es un héroe cultural para los aborígenes australianos.

Los antepasados espirituales tienen su propia naturaleza oscura. El Buda abandonó a su esposa e hijos para buscar la iluminación, y hubo un maestro zen que mató un gato para enfatizar lo que estaba enseñando. Y también hay ciertos excéntricos: el maestro que se iluminó en un burdel, el maestro que se hartó tanto de enseñar al emperador que se fue a vivir en el anonimato con los mendigos debajo de los puentes de Kioto, pero a quien finalmente descubrieron porque le apasionaban los melones dulces. Las sombras de los antepasados no son sólo excéntricas. El budismo tiene muchos hombres que odiaban a las mujeres, y el cuerpo, y muchos belicistas. Los antepasados proporcionan el espectro de lo que significa ser humano: la bondad y el terror, la vergüenza y el perdón con los que tienes que reconciliarte para poder bendecir tu vida.

La misma oscuridad de los antepasados puede ser liberadora. Los antepasados problemáticos pueden ayudarte a aceptar tu lado oscuro como algo que la vida te ha dado, algo a lo que deberás encontrar sentido, una puerta a la sabiduría, y no una maldición. Quizá por eso en las pinturas Bodhidharma es salvaje y peludo, con un pendiente de aro, barba y ojos intensos y saltones. Esas características son tan inseparables de su imagen como la peluca de Andy Warhol de la suya. Bodhidharma es la Bestia con la que tiene que convivir la Belleza durante su búsqueda de la iluminación.

He aquí una historia sobre la manera en que los antepasados oscuros pueden ayudar.

Un hombre trabajó en el koan «No» durante algunos años. Descubrió lo compulsiva que puede ser la mente y, para él, llevarla al koan sin cesar, muchas veces por minuto si era necesario, suponía conseguir una iluminación en el nivel más simple y fundamental: sobrevivir a los escombros de la mente. Puede ser reconfortante descubrir que no hace falta creer en los propios pensamientos. Consideraba al poeta Robert Lowell como uno de sus antepasados.

—Es porque Lowell era maníaco-depresivo —explicó—, sufría una dolencia terrible para él mismo y para quienes lo rodeaban, y la soportó y realizó una gran obra. Ese ejemplo me ayudó a reunir el valor para soportar mis propias dificultades menores, mi dolor y la forma en que mi mente podía volverse en mi contra en cualquier instante.

Los antepasados locos nos pueden ayudar en los propios momentos de locura.

Zhaozhou ofrece otra idea. El ciprés del jardín podría poner a cero antiguos agravios. Eso es necesario ya que, si todo el mundo tuviera que clausurar los crímenes cometidos en sus vidas anteriores, le faltaría tiempo para vivir. En la Odisea, cuando Odiseo ha matado a los pretendientes y los familiares de éstos buscan reparación y el ciclo de venganza está a punto de reanudarse, interviene Atenea, la diosa de la sabiduría. Los amenaza a todos y hacen las paces. Es como si se olvidaran de odiarse para poder seguir viviendo.

Ésta es la historia de uno de mis antepasados reajustando el mito familiar.

—Tú no sabes quiénes son tus antepasados, ¿verdad? —le dijo mi tía abuela Mary a mi hermana.

La tía Mary vivía en la casa de campo del siglo XIX que su abuelo había construido para los obreros; era de paneles oscuros y fresca, y ninguna de las paredes era cuadrada. Siempre había un fuego de carbón ardiendo en la chimenea y una tetera en el carbón.

—No, no lo sé —contestó mi hermana, esperanzada, sentándose a escuchar.

—Y nunca lo sabrás —dijo la tía Mary mientras arrancaba las primeras páginas de la biblia familiar y las arrojaba a las brasas.

Nuestros antepasados de ese lado llegaron a Australia encadenados y, en tiempos de la tía Mary, se rumoreaba que esa herencia era «la mancha del presidiario». Afirmar que el pasado no tiene por qué atarte era algo muy importante para ella. Y no estaba nada avergonzada: editaba la historia familiar delante de un testigo. Eso tiene algo del efecto paradójico del ciprés de Zhaozhou, como si dijera: «Los antepasados te dicen que no prestes demasiada atención a los antepasados».

Reconocer historias ancestrales y luego ver a través de ellas forma parte de la humanización plena. Todo el mundo tiene que trabajar codo a codo con alguien que fue enemigo de su propia tribu en el pasado. Todo el mundo tiene un antepasado que hizo cosas terribles. Las historias sobre tus antepasados son historias sobre tus propias cargas, posibilidades y capacidad de perdón. El koan del ciprés puede cambiarte las historias acerca de quién eres y el límite que esas historias ponen a tu felicidad. Quizá adviertas que no se te reconocen méritos por tus buenas obras, dado que las haces por sí mismas. Tampoco eres víctima, ya que, por muy terrible que sea tu pasado y por muy cerca que estés de la desesperación, el momento del ciprés está aquí, ahora, para ti. El ciprés de Zhaozhou tal vez no acabe con el recuerdo de los viejos agravios, sino con la importancia que otorgas a tu memoria.

Por esta razón, dijo Wumen:

—Si te encuentras con el Buda en el camino, mátalo.

Wumen da vida a Buda y después lo destruye, como hizo mi tía Mary con nuestros antepasados. Entonces, el antepasado deja regalos pero no condiciona cómo los usarás. Bodhidharma puede ser alguien en el pasado lejano, y eso está bien. Pero también es bueno que Bodhidharma sea alguien aquí y ahora. No es poca cosa tener relación con los viejos maestros, disponer de ellos cuando los necesitas. Y si abres el frasco del koan, quizá la luz que ves sea la antigua luz que había en sus corazones. Y tal vez un poquito de luz, un rayito de luz, sea suficiente para cambiar tu mentalidad; un poquito puede ser todo.

Además de llegar a este koan mediante la pregunta, puedes llegar a él mediante la respuesta. Eso es muy rápido. Zhaozhou señaló el ciprés para señalarte a ti. ¿Qué es el ciprés en tu vida? Y si tú mismo eres el antepasado, ¿qué harás ahora?

12

LA GRAN MISERICORDIA DEL BODHISATTVA

Preguntó Yunyan a Daowu:

—¿Cómo usa el Bodhisattva de la Gran Misericordia todas esas manos y ojos?

Dijo Daowu:

—Es como buscar detrás de ti una almohada por la noche.

Dijo Yunyan:

—Entiendo.

—¿De veras? ¿Qué es lo que entiendes?

—Hay manos y ojos por todo el cuerpo.

Dijo Daowu:

—Eso está muy bien formulado, pero no es la imagen completa.

Dijo Yunyan:

—¿Cómo lo describiría?

Dijo Daowu:

—Por todo el cuerpo hay manos y ojos.

Una bondad secreta que trabaja en la oscuridad

Mientras tanto,
el gran mar de la compasión
llegaba y se retiraba, llegaba.
Y la montaña azul
de sí misma permanece,
y las ayudantes de peluquería
ciegas
nunca se cansan de su trabajo.[1]

JAMES TATE

Ahora vemos por espejo, oscuramente; mas entonces veremos cara a cara.[2]

SAN PABLO

La gente a menudo piensa en el amor como intención. Las variantes del amor —bondad, empatía y compasión— también se consideran rasgos a cultivar. A partir de eso, puedes pensar en el amor como algo que necesita ser enseñado o aprendido, o de alguna manera agregado a tu personalidad o a tus circunstancias. Tal vez algo que necesitas para ser feliz. Un accesorio. Sin embargo, si ése fuera el caso, el amor podría morir, y no muere. Este koan ofrece la posibilidad de que el amor sea lo que queda cuando tiras por la borda todo lo demás. La obra del amor siempre procede por debajo de los demás momentos, incluso por debajo de la comprensión y la conciencia, en el fondo del fondo. Se imagina a veces que el Bodhisattva del Amor y la Compasión tiene mil manos para tocarte, y en la palma de cada mano un ojo para presenciar tu vida.

EL KOAN

La Gran Misericordia del Bodhisattva

Preguntó Yunyan a Daowu:

—¿Cómo usa el Bodhisattva de la Gran Misericordia todas esas manos y ojos?

Dijo Daowu:

—Es como buscar detrás de ti una almohada por la noche.

Dijo Yunyan:

—Entiendo.

—¿De veras? ¿Qué es lo que entiendes?

—Hay manos y ojos por todo el cuerpo.

Dijo Daowu:

—Eso está muy bien formulado, pero no es la imagen completa.

Dijo Yunyan:

—¿Cómo lo describiría?

Dijo Daowu:

—Por todo el cuerpo hay manos y ojos.

Cuando todos los discursos sobre cómo vivir se derrumban, lo que queda puede ser lo real. Pero ¿qué hay de la experiencia humana de lo real? ¿Qué nombre darle? ¿Qué lo describe con precisión? ¿Y si la palabra fuera *amor*? Cuando no había más que simple visión, eso era amor. Atrapar una pelota sería amor, y alzar a un niño también. Eso haría que el amor fuera más básico que otras experiencias, y lo pondría por debajo de todo lo demás, a trabajar en la noche ciega y en la tierra negra. Os tocaría a ti y a todos tus conocidos en todo momento. Si eso fuera cierto, podría explicar la gran intimidad y satisfacción que al respirar y caminar bajo las ramas, al pasear en una mañana de primavera... sientes por todo el cuerpo, como dice el koan. A veces es difícil *no* sentirse conectado en una gran red.

Una manera de acompañar este koan es preguntarte con qué frecuencia buscas en la oscuridad, a tu espalda. Cuando estoy escribiendo o pintando una obra que ha perdido fluidez, a veces me quedo dormido con el problema en la cabeza. En el sueño, despertar y soñar parecen entrelazarse, y sueño nuevas palabras o colores. Eso es buscar en la oscuridad lo que necesito.

Otra forma de entrar en el koan podría ser notar el tacto de las manos a lo largo de tu vida, comenzando con manos reales y avanzando desde allí. Cuando naces, te cogen unas manos. Manos que te ven y perciben la suavidad de tu piel y cómo se funde con otra piel. Después saludas a la gente tocándole las manos, abrazándola con las manos. Pienso en mi madre estrujando camisas con el escurridor manual, cocinando el filete y pasteles de riñones, haciendo pudín de chocolate de sobre, enseñándonos a mi hermana y a mí verbos en francés y casos en latín, y por la noche escribiendo planes de lecciones para su clase de primer grado al día siguiente. Mil manos y ojos.

Pienso también en los loros azules y carmesí que vuelan formando olas por entre los eucaliptos, chillando como timbres desafinados, mientras un ualabí golpea el costado de la casa con la cola cuando pasa saltando. Ésta es una pequeña lista de otras cosas que comparten el momento: las cortezas desprendidas de un eucalipto de nieve que dejan un tronco suave y blanco chorreando savia roja; un abollado Land Rover de batalla corta chirría por el camino de tierra gris; un bateador anota una carrera en el partido de críquet que transmiten por la radio; dos niños salen corriendo de casa gritándose; un enorme asteroide pasa rozando la Tierra y por poco no es arrastrado a la atmósfera... Bueno, ya ves la complejidad.

El funcionamiento del universo es constante, como manos que buscan otras manos. La gravedad, el electromagnetismo y los efectos mecánicos cuánticos ocurren simultáneamente, y pienso en el experimento del fotón dividido en el que, si cambias el giro de una partícula, alteras otra que podría estar a kilómetros o años luz de distancia. Todo eso es como la mano izquierda en el piano, que actúa mecánicamente.

A veces, con el rabillo del ojo, captamos una pequeña zona del universo trabajando en secreto. Por ejemplo, en el quinto partido de la Serie Mundial de 2002, el primera base de los Giants, J.T. Snow, pisó la tercera base, y, cuando estaba llegando a la meta, el hijo de tres años y medio del entrenador de los Giants corrió emocionado hacia el campo para recoger el bate. Snow apenas alteró la zancada; cogió al niño por la chaqueta y lo llevó con él hasta la meta. Fue una acción elegante y automática, e hizo que la entrada del niño pareciera simpática y cálida, mejor que si no lo hubiera hecho. Hubo todo tipo de críticas: otro jugador estaba llegando a la base, y una pelota podría haber golpeado al chico. Sin embargo, nada de eso pareció pasar por la mente del corredor, que se limitó a incorporar al niño al juego.

Eso también forma parte de la acción nocturna de la compasión; no puedes saber si lo que está sucediendo es un error. Puedes encontrar insospechada bondad en rincones extraños de un acontecimiento o en ti mismo. Si estás atareado pensando que deberías ser bondadoso, quizá no te percates de que la bondad ya está presente en ti.

Además de la multitarea a la que el universo parece tan aficionado, existe la talidad de las cosas comunes, la forma en que, cuando miras los objetos sin prejuicios, parecen tener un brillo interior. Hay una meditación tibetana en la que imaginas ser ese Bodhisattva de la Gran Misericordia con todos esos brazos y, por añadidura, once cabezas. Imaginas, también, que cada persona que conoces es también ese ser. En el koan, hasta una cosa inanimada, una colina o un arroyo o un coche, puede ser una de esas manos y ojos.

Así es como una mujer del norte de California explicó esa característica del koan. Ella la llamó afinidad:

> Cuando comprendí que estaba viendo el mundo tal como es, tuve una sensación de afinidad. Todo aquello a lo que prestaba atención parecía ser yo en ese momento. Ya había sido todo, hecho todo, poseído todo. Ya había sido esta pared y este sofá. Sólo debes ser tú para que todo te llegue. No es una cuestión de propiedad. La idea de que necesito algo brillante y reluciente es una tontería.
>
> Lo contrario es que consigo lo que quiero y me siento cómoda en este mundo. Lo que hago es suficiente. Un día estaba desenredando el pelo de la hija de una amiga. Era una tarea larga, entró un rayo de luz y mis manos se movían en línea recta por el tiempo. Vi la talidad de su cabello.
>
> Cuando nació mi hijo, lo amé tal como era. Fue un movimiento en la oscuridad, antes de que la luz del pensamiento alumbrara el mundo. Cuando parecía que el bebé de una amiga iba a morirse, al principio ella y yo nos sentimos muy angustiadas; pero eso era abandonar a la criatura justo cuando más necesitaba estar acompañada. Y vimos que teníamos que amarla tal como estaba, aunque la perdiéramos. Pero al final eso no ocurrió.[3]

Este koan tiene otra manera de presentarse: cuando, sin haberlo pedido, el mundo extiende la mano para tocarte. Hay una vieja historia sobre ese contacto, una historia china de hace mil doscientos años. Lingyun deambulaba por las montañas y se perdió. Dobló una curva y vio flores de melocotonero al otro lado del valle. Esa visión lo despertó, y escribió este poema:

Durante treinta años busqué un maestro de esgrima.
¿Cuántas veces cayeron las hojas y salieron brotes en las ramas?
Pero desde el momento en que vi las flores de melocotonero, no tuve dudas.[4]

Siglos más tarde, el maestro japonés Keizan trató de echar una mano escribiendo su propio poema:

Las flores de melocotonero de la aldea no conocían
su propio color carmesí,
pero aun así liberaron a Lingyun
de todas sus dudas.[5]

Por tarde que sea, siempre existe la posibilidad de que el mundo extienda la mano. Aunque no tengas fuerzas, trabajar con el koan puede ser un modo de descansar en lo que es verdadero. Entonces le toca al koan hacer el trabajo, mostrarte para qué fue creado y por qué lo mandaron desde años tan lejanos a alojarse en tu corazón.

El mundo puede extender la mano hacia ti, sin pensarlo ni planearlo, llegar a tus profundidades. Si alguna vez te has sentado en silencio a escuchar el sonido de la lluvia, quizá hayas experimentado que, después de un rato, no puedes saber qué es lluvia y qué eres tú. Puede ser un sonido íntimo, como si la lluvia cayera por tu pecho. A veces, en invierno, cuando estoy solo en casa y mi hijo duerme, salgo y me quedo mirando las estrellas.

El gran bubo emite su llamada de cuatro notas, y el sonido me atraviesa el cuerpo como la lluvia. Y la llamada del búho es suficiente. El mundo no tiene defectos. En esos momentos, por solitario que seas, te parece imposible estar solo, porque estás allí. Y es como si el búho, los eucaliptos negros, las estrellas y los destellos de luz de los automóviles estuvieran también dentro de tu pecho.

Por todo el cuerpo del universo, manos y ojos.

Es extraño, cuando lo piensas, cómo las cosas pueden suceder por sí solas, sin hacer que sucedan. Cuando empecé a trabajar en este koan, recordé la ocasión en que iba a la deriva en una canoa frente a las islas Trobriand, al este de Papúa Nueva Guinea, enfermo y con fiebre. Deliraba, alucinaba, y noté que tenía la mente rota en mil pedazos, y mi cuerpo también parecía destrozado. Estaba reducido a materia. De vez en cuando, mujeres que buceaban desde otras canoas aparecían, me daban agua y desaparecían. Para mí eran manos, voces y rostros. No podía recomponerme; de eso debería ocuparse el mundo. Y lo hizo, aunque puede que no. Para mí hay en esta historia niveles de las mil manos y los mil ojos. Al parecer, yo estaba hecho pedazos, y cada pedazo era una mano o un ojo que se mantenía independiente hasta el momento en que pudiera volver a unirse todo. Después estaban las manos de las mujeres que ofrecían agua, la misericordia del mundo, otro nivel de las mil manos y ojos. Cuando un problema es insoluble y no puedes encontrarle una solución, tendrás que vivirlo sin un relato claro de cómo resolverlo.

Recuerdo que en aquella canoa, cuando mi mente recobró la normalidad, había una pequeña reserva acerca de lo que era normal y una ligera nostalgia por la pureza de una mente que no podía fingir nada ni organizar las cosas en los patrones casi verdaderos que había estado acostumbrado a sostener. Cuando el cuerpo trata de sobrevivir, no queda energía para la ficción autobiográfica.

Había bondad en aquella fiebre, que todavía me asalta a veces por la noche, impredecible, robándome la opinión que tengo de mí mismo como persona respetable, diurna. La fiebre me empapa la almohada y entonces, medio dormido, busco otra detrás. La gran misericordia del bodhisattva consiste tanto en proporcionar almohadas al soñador como en alcanzárselas.

13

LA MUJER DE LA POSADA

Había una mujer que se encargaba de la posada de los peregrinos en Hara, bajo el monte Fuji. Se desconoce su nombre, y no se sabe cuándo nació y murió.

Fue a escuchar una charla de Hakuin, que contó:

—Dicen que hay tierra pura donde todo es sólo mente, y que hay un Buda de luz en tu propio cuerpo. Una vez que aparece ese Buda luminoso, las montañas, los ríos, la tierra, la hierba, los árboles y los bosques brillan de repente despidiendo una gran luz. Para ver eso tienes que mirar dentro de tu propio corazón. ¿Y qué deberías buscar? Cuando busques algo que sólo es mente, ¿qué características especiales debería tener? Cuando buscas al Buda de la luz infinita en tu propio cuerpo, ¿cómo lo reconocerías?

Al oír eso, dijo la mujer:

—No es tan difícil.

De vuelta en casa, meditó día y noche, con la pregunta en mente mientras estaba despierta y mientras dormía. Un día, lavando una olla, hizo un descubrimiento repentino. Soltó la olla y corrió a ver a Hakuin.

—He encontrado a Buda en mi propio cuerpo —dijo—, ¡y todo en la tierra brilla con una gran luz! ¡Es maravilloso!

Bailaba de alegría.

—¿De veras? —dijo Hakuin—. ¿Y qué me dices de un pozo de mierda? ¿También brilla con gran luz?

La mujer se acercó corriendo y le dio una bofetada.

—¡Todavía no lo entiendes, viejo carcamal! —dijo.

Hakuin se rió a carcajadas.

¿Te asusta esta felicidad?

Detrás de todo eso se esconde una gran felicidad.[1]

YEHUDA AMICHAI

Lector, mi historia termina en libertad; no, como es costumbre, en matrimonio.[2]

HARRIET JACOBS

Cuando Buda comenzó a intuir su propia iluminación, surgió en su mente una extraña pregunta: «¿Te asusta esta felicidad?».[3] La felicidad requiere cierta entrega. Para descubrir qué es la felicidad tienes que renunciar a tu idea de felicidad. Es como cuando un niño está aprendiendo a ir en bicicleta y no piensa en lo que hace. Entiendo que eso no es abrumadoramente difícil, ¿verdad? Espera, hay más. Tu infelicidad está entretejida con la idea que tienes de ti. La felicidad cambiaría algunas cosas que sabes de ti mismo. La felicidad pregunta: «¿Estás dispuesto a ser un tú diferente?». O «¿Estás dispuesto a no ser tú?».

Otra manera de formular esto es que la felicidad podría estar ahora mismo delante de tus narices. Si no está aquí, no está en ninguna parte. La felicidad es un riesgo para el yo que conoces, porque no necesita el relato que te acompaña. Cuando las personas precisan un cambio de perspectiva, a veces hay que alejarlas de su vida y de sus propios relatos para encontrar un momento en el que olviden quiénes son. También es cierto que cuando viajas lejos puedes descubrir que ese lugar es muy parecido a tu casa, aunque con el añadido de, digamos, camellos o kimonos, y que viajamos para relacionarnos más íntimamente con nuestra propia vida. He aquí un koan en el que como lectores podemos irnos lejos, a una posada en el camino de Tokaido, entre Tokio y Kioto a finales del siglo XVIII. Habla de una mujer que se las arregló para olvidar quién era mientras estaba en su cocina, quizá un viaje más largo que el que realizamos para conocerla.

EL KOAN

Una mujer regentaba la posada de una estación de la ruta de los peregrinos en Hara, un pueblo al pie del monte Fuji. Nadie recuerda su nombre, pero tuvo un magnífico despertar en su propia cocina. Siempre te miraba de frente y no le costaba tomar decisiones. En su compañía, tanto hombres como mujeres se sentían a gusto. Era práctica y le gustaba cocinar, limpiar, coser. Todos los años salaba ciruelas. Hacía vinagre con caquis de sus viejos árboles. Cortaba rábanos y pepinos y los ponía en frascos, donde añadía vinagre, especias y algas. Le gustaba el olor del arroz cocido y la fuerza del vapor. En otoño había peras; a finales de otoño, castañas.

La luz se filtraba por las ventanas de papel, la vieja madera oscura la envolvía como la tela de un kimono gastado y se sentía feliz. Para eso era humana, pensó, para meter las manos en el mundo y mover sus colores y formas. Sus hijos crecieron y su vida transcurrió plácida, después agitada y después plácida de nuevo. Un hijo murió de tuberculosis, una hija cantaba muy bien. Cuando los viajeros se ataban las sandalias por la mañana, se metían en las historias de las que habían venido, y a veces ella anhelaba entrar en una de ellas. Pensaba en Edo, como se llamaba entonces Tokio, e incluso en Holanda, hogar de los extranjeros a los que sólo se les permitía desembarcar en una isla del puerto de Nagasaki para comerciar.

Un año hubo una ola de frío, y la vida que había conocido empezó a desprenderse ante ella como hojas de otoño. No sabía por qué, quizá porque sus hijos mayores crecían y se iban de casa y dejaban un vacío, quizá no había ninguna razón. En cualquier caso, las flores del ciruelo se retiraron detrás de una barrera invisible y ese año no le traspasaron el corazón. Los desaires la indignaban; se despertaba furiosa a altas horas de la noche. Cuando un huésped le pidió un pequeño servicio, ella dijo:

—Hazlo tú mismo.

Su esposo temía que los soldados derribaran las puertas; le preocupaba también un crimen cometido más arriba, en otra estación del camino, pero a ella le costaba poco reírse. A veces sentía con tanta intensidad que apenas podía respirar. Su esposo creía que podía deberse a la pena por la pérdida del hijo. Pero no era dolor. Si hubiera sabido un hechizo para aliviar los dolores, no lo habría revelado.

Lo que sentía no era accidental. Siempre había sabido que tarde o temprano se enfrentaría a un momento como ése. Conocía la historia del poeta Basho, un vagabundo que había recorrido el camino de Tokaido cincuenta años antes. Cuando abrió uno de sus libros, lo primero que leyó fue un relato conmovedor. Basho se había topado con un niño de dos años que corría llorando y hambriento por el camino.[4] La familia del niño no podía alimentar otra boca y lo había soltado hasta que su vida se evaporara como el rocío. Escribió Basho: «Le arrojé algo de comida al pasar», y también escribió este poema como inscripción para una lápida:

Has oído el grito de un mono...
por este niño abandonado,
¿cómo es el viento de otoño?

El poema liberó algo dentro de la posadera. La mujer se abrazó el pecho y sintió cómo el llanto le recorría el cuerpo. Pensó que, aunque no quería seguir el camino que habían tomado sus invitados, sin duda era necesario hacer un viaje. Mientras se ocupaba de sus tareas, escuchaba tratando de oír una voz, unas instrucciones.

La posada tenía un tesoro, una pieza caligráfica con el símbolo de larga vida, regalado a alguien por el maestro zen local, un excéntrico llamado Hakuin. La escritura era hermosa, aunque sumamente irregular, y ella se sentía viva cuando la miraba. «La persona que entienda esa irregularidad —pensó— podría saber lo que me pasa.» Cuando fue a escuchar al viejo, el salón estaba lleno, y él la hizo reír. Resultó ser célebre, aunque al parecer no piadoso. Empezó a meditar un poco, a sentarse y respirar o a concentrarse en lavar los interminables platos que conformaban la vida de una posadera. Esa meditación no parecía un rumbo nuevo, pero quizá era una condición para llegar a él. Encontró un poco más de espacio entre los pensamientos, los árboles comenzaron a acercarse de nuevo y el tiempo se apaciguó. Sin embargo, sabía que era sólo una pausa y que su viaje, que aún no había empezado, la esperaba en su interior.

Las charlas de Hakuin eran muy variadas. La confundían, se dormía, se ponía hosca y discutidora. Le picaba la piel. Hakuin daba consejos a grandes damas y señores locales, a samuráis, pescadores y plantadores de arroz. Pero sus palabras no sonaban a consejo. Decía cosas como: «Inmediatamente, el rinoceronte de la duda cayó muerto, y yo apenas podía aguantar la alegría». Tenía muchas experiencias como ésa. A veces hablaba con la rudeza de un soldado y se enfadaba por algo que le molestaba; por ejemplo, un maestro rival. También adoptaba una actitud elevada, y una cosa que dijo llegó directamente al corazón de la posadera. «Dicen que hay tierra pura donde todo es sólo mente, y que hay un Buda de luz en tu cuerpo. Una vez que aparece ese Buda luminoso, las montañas, los ríos, la tierra, la hierba, los árboles y los bosques brillan de repente despidiendo una gran luz. Para ver eso tienes que mirar dentro de tu corazón. ¿Y qué deberías buscar? Cuando busques algo que sólo es mente, ¿qué características especiales debería tener? Cuando buscas al Buda de la luz infinita en tu cuerpo, ¿cómo lo reconocerías?»

El Buda de la luz no era relevante entre las fuentes de financiación de Hakuin, pero era alguien a quien la gente pobre del campo rezaba por una buena cosecha de arroz, por la erradicación de los bandidos, por los hijos y los nietos y por una rebaja de impuestos. La posadera sentía que las palabras eran pronunciadas sólo para sus oídos. «Esto no es tan difícil», se decía. Finalmente había descubierto un deseo que había permanecido secreto incluso para ella misma. Ya no estaba confundida, y no intentó pensar en qué quería decir Hakuin; sólo deseaba dedicar tiempo al koan.

Le comentó a su familia: «Siento que la felicidad está tan cerca como mi piel», y recordaba las palabras de Hakuin cuando estaba despierta e incluso durante el sueño. «Dentro de tu corazón. Los árboles brillan con una gran luz.» Las palabras la acompañaban a todas partes. Su marido le preguntó si se había fanatizado, pero ella no estaba de humor para bromas. «Esto no te concierne», murmuró, y el hombre supo que la posadera tenía razón. Después trató de no entrometerse y de ayudar discretamente. Esperaba que ella encontrara lo que buscaba.

Mientras tanto, si los árboles emanaban luz, ella desde luego no lo veía. Pero poco a poco comenzó a sentir un vínculo con las cosas que la rodeaban: un cubo de madera para el arroz palpitaba lleno de vida, la puerta era una puerta perfecta. Cuando nació le habían regalado una muñeca, hecha a su medida, y, de niña, creía que esa muñeca bailaba de noche. Nunca pudo sorprenderla bailando, pero por la mañana estaba más viva. El cubo de arroz era igual: cada vez que miraba, dejaba de bailar. Ese vínculo no era en realidad una luz, pero tampoco dejaba de ser una luz.

Un día, mientras fregaba una olla, vivió un gran acontecimiento. ¿Qué acontecía, y dónde? Había lavado miles de ollas, pero su vida estaba en ésa. Fregaba cuando se olvidó completamente de sí misma, olvidó las manos agrietadas, la ropa mojada y los pensamientos que tenía en la cabeza. Hay sueños tan profundos que al despertar uno no recuerda su nombre ni dónde está. O ni siquiera qué es. Eso era lo que le pasaba: las paredes, los cuencos y sus propias manos eran totalmente extraños y nuevos. El momento no tenía fin, y ella no sabía cuál de sus mundos era el sueño.

Vio que la luz del día salía del fondo de la olla y concluyó cautelosamente que eso no podía ser verdad. La luz del sol no sólo estaba en la olla; cuando miraba a su alrededor, todo era brillante: los biombos de papel, el suelo de tatami, el sonido de un arnés chirriando fuera, el olor de la luz del día. Ésa era la característica particular de su cambio de actitud: veía que las cosas resplandecían. Era como si tuvieran una canción propia, y esa canción fuera luz. Se echó a reír y no podía contenerse. Su hijo menor entró a mirarla emocionado, preguntándose si se habría vuelto loca. Pero la risa la hizo precipitarse fuera de la cocina. Soltó la olla y corrió a ver a Hakuin. Estaba impaciente por decírselo a alguien que lo entendiera. Cuando estaba llegando, iba ya al trote. Hakuin estaba sentado en las escaleras, delante de su habitación, sin mirar nada en particular. En cuanto lo vio, ella empezó a agitar los brazos. Como si las palabras pudieran llenar el espacio que aún faltaba por recorrer, gritó «¡Oye!» y se puso a balbucear.

—He conocido a Buda en mi propio cuerpo, ¡todo brilla con una gran luz! ¡Es fabuloso!

Se le ocurrió entonces, mientras corría, que podía poner a prueba cada cosa utilizando su felicidad como medida. Podía hacer la prueba de cavar el suelo en una mañana fría y la felicidad estaría allí. Podía poner a prueba el dolor por su hijo perdido, y cuando lo hizo percibió la tibieza del amor que sentía por él, y entonces su vida pareció completa. La rodeaba el resplandor. Probó con un soldado furioso. Bien. Probó con un ciprés oscuro y torcido. Cada cosa que veía se había vuelto perfecta, sin defectos. Miró la cara de Hakuin y vio los arrugas de la vejez junto con la alegría que a menudo parecía tener a flor de piel. La luz también estaba en él. La posadera bailó de alegría.

Hakuin tenía una actitud generalizadora: «Si has visto una iluminación, las has visto todas», pero le gustaba lo que era irrefrenable, incluida esa mujer. Cambió aquella mirada vacía. La posadera sintió que él se abría y compartía con ella su regocijo. Hakuin se le acercó:

—¿De veras? ¿Y qué me dices de un pozo de mierda? ¿También brilla con una gran luz?

Daba saltos como una niña. ¡Una prueba! ¡Una prueba! Era la prueba que acababa de hacerse. «Claro, claro —pensó—, hasta la mierda produce luz, no hay nada que no lo haga. Y él finge no verlo.» Disfrutaba tanto de la mente de Hakuin que se acercó a él, le dio una bofetada y le dijo:

—¡Todavía no lo entiendes, viejo carcamal!

Sus pensamientos no eran en realidad pensamientos; aparecían sin que ella se lo propusiera. Se formaban de esta manera: «Te veo, te veo. ¿Es que mi bofetada emite luz?».

Hakuin se rió a carcajadas.

TRABAJAR CON EL KOAN

La cocina puede ser un buen sitio para experimentar un profundo cambio de actitud. Había una mujer china llamada Yu que tuvo su gran experiencia mientras hacía rosquillas. Tiró la sartén al suelo.

—Pero ¡¿qué haces?! —gritó su marido.

—Éste no es tu terreno —contestó ella, y salió corriendo a ver a su maestro, como había hecho nuestra posadera.

Las ollas y los cuchillos están entre las primeras cosas que fabricaron los seres humanos. A veces se imagina el koan como un cuchillo que poda cada pensamiento que la mente produce. Cuando alguien trabaja duro para concentrarse y truncar la bifurcación de caminos de un momento dado, esa metáfora parece adaptarse al método. Bodhisattvas de ambos sexos empuñan a menudo espadas con tanta alegría como un caballero de la mesa redonda en una justa.

Podría tener igual interés imaginar un koan como una olla o una vasija. En este enfoque aceptarías cualquier cosa que ocurriera como algo que pertenece al koan. Sea cual sea la alegría, el recuerdo, la celebración o el deseo, irá a parar a la olla para ser cocinado y transformado.

Dijo un escultor:

> El koan ha estado actuando sobre mí, y yo sobre él. Desde hace tiempo he estado trabajando en la idea de que el koan es un contenedor, algo así: «No necesito trabajar en nada más, sólo en estas palabras del koan; no necesito desmoronarme si tengo un mal día». Las grandes emociones negativas no me asustan. Me gusta más ver qué sensación me producen en el cuerpo que pensar que debo curarlas. Y también he estado percibiendo la analogía del cuerpo con el koan. Hay un punto en mi centro que me da mucho apoyo interno y energía. Curiosamente, también parece ser un sitio donde puedo anclar el koan. Y he encontrado autoestima. La voz que disfruta y aprecia el arte que hago se está fortaleciendo mucho. Muchas cosas me resultan más fáciles.

Si trabajas con la metáfora de la olla, no tienes que interferir en tus pensamientos o sentimientos. No necesitas aprobarlos o rechazarlos. Ése no es el momento de la poda, sino el momento de la elaboración del vino. La compasión tiene que empezar en algún sitio, y abrazar tu propia vida es el comienzo de un cambio de actitud. Algunas personas hablan de un koan como de un amante al que abrazan.

Si este koan de la posadera te atrae, tal vez quieras fijarte en si ves la luz en los lugares más normales y corrientes. ¿Encuentras la luz en tu cocina? ¿La encuentras en tu cuerpo? ¿Dónde está la luz en tu cara? ¿En qué momento de tu vida tienes la certeza de que no hay luz? ¿Resulta doloroso profesar esa creencia? Podrías intentar mostrarle la luz a un niño. La pregunta de Hakuin sobre el pozo de mierda es sólo una versión de «¿Soportas ser tan feliz?», y «¿Sientes esa belleza en todas las circunstancias?», o «¿Hay alguna parte de tu vida que te parezca un pozo de mierda, un lugar donde crees que nunca encontrarás la felicidad?».

Algunas personas que han cambiado comentan con disculpas o con humor que el inodoro de repente se ha vuelto bonito, que la mierda está bien y la orina también. Tomo eso como muestra de la sensación de que ninguna parte de la vida está exenta de ternura e intimidad.

También puede ser interesante pensar en el nombre de la posadera. Es un buen interrogante, porque carece de sentido, ya que el nombre de la mujer es lo único que no se nos facilita. Así que tienes que usar todos tus recursos y confiar en lo que no sabes. ¿Te dice algo el nombre desconocido? Si logras encontrar el nombre de la posadera, tal vez puedas sacarla a bailar. Si logras encontrar la risa de Hakuin, podrás divertirte.

Los descubrimientos de la mujer se referían a su propia cercanía de las cosas. Si tienes empatía con alguien, te acercas a él; por un momento, tienes el mismo corazón. Si tienes el mismo corazón que alguien, sabes su nombre. Si supones que de veras hay una luz en tu cocina, es probable que descubras que a veces la ves. En ocasiones no hace falta nada, y no te asusta la felicidad.

Cuando no ves la luz en tu propia cocina, ¿será porque estás empequeñeciendo las cosas, midiendo tu vida en cucharadas de café? La pregunta que Buda se hace, «¿Te asusta esta felicidad?», implica que podemos temer la felicidad. Ésta es un gran riesgo para tu autopercepción. Para ser feliz o para hacer algo sin reservas, debes olvidar quién eres. A menudo la imagen que tienes de ti mismo es una lista de problemas y logros, sobre todo problemas. Sin problemas no necesitarías nada. Podrías perder tu ciudadanía en la sociedad de las personas que necesitan cosas. Si tienes un problema, necesitas un cierre, o una venganza, o entender a tu madre, o que tu pareja satisfaga tus necesidades. Sin embargo, es muy poco probable que la mayoría de esas cosas ocurran. Y ninguna de ellas te daría felicidad si ocurriera.

Por otra parte, si te olvidas de lo que sabes de ti mismo, seguirás pagando la hipoteca y queriendo a tu hijo. Cuando se desvanecen las creencias, lo que queda de verdad parece amor. He aquí un relato moderno del descubrimiento de la luz en la cocina.

> Quizá lo primero que ocurrió fue que todo devolvía la mirada, todo respondía a mis ojos. Y el entendi-

miento, la sensación de que no éramos independientes, que teníamos la relación más dulce e impresionante, una familia. Eso era muy cautivador, fuera la cara luminosa de un amigo que me llamaba a la cola de la entrevista, o la puerta, entreabierta, del porche. Una noche regresaba al albergue. Llovía y estaba oscuro y tenía una linterna pequeña. Cuando la encendía, todo lo que veía me llamaba la atención: una hoja, un trozo de corteza, los arroyuelos del camino. Tardé horas en llegar a casa y estaba empapada. Así que pasé gran parte de esa noche en el camino. Pero de día era lo mismo en la cocina o en la sala de meditación. Tenía muy poca conciencia del tiempo y no sentía dolor. Ni el dolor habitual de artritis matutina, ni el dolor al sentarme, ni en la espalda, ni en los hombros.

Una prueba fue con mi hermana, que siempre había sido crítica con mi perspectiva. Conectar con ella era un gran deseo, pero hacía tiempo que había dejado de pensar en cómo lograrlo. Entonces todo cambió. En un momento estaba la horrible y cavernosa relación que hemos tenido toda mi vida. Entonces, ¡puf! Todo estaba bien. Me llamó de la nada para contarme de qué color está pintando su nueva casa. «Ése es un color excelente», le dije. Me alegraba por ella. Al día siguiente me llamó para contarme algo por lo que estaba pasando. La escuché. Un día más tarde me llamó para decirme que me quería. Me llama cada dos o tres días.

La única explicación que se me ocurre del cambio con mi hermana es mi percepción. Pero no se anunció; hubo que sentirla. Amor, hay tanto amor.

Lo ves. Ves ese pájaro allá, y al mismo tiempo lo sientes caminando dentro de tu corazón. No son sólo los pájaros: todo camina dentro de tu corazón. Nunca había puesto las palabras *amor* y *zen* juntas en una oración. Si buscas en la literatura zen, eso no aparece. Entonces aprendí, oí la palabra *intimidad*, que sí aparece en la literatura. Es una palabra perfecta porque contiene las ideas de amor, respeto y temor. Y el temor es inmenso.

Más tarde, le pregunté:

—¿Qué fue lo más extraño que notaste sobre el amor?

Dijo ella:

—Sabes que no soy exactamente lo que llamarías una modelo. Soy gorda, me tiño el pelo y nunca había entendido los koans. No soy guay. Así que, si nuestros antepasados se presentan tan gentilmente para ayudar a personas como yo, creo que podemos decir que lo harán por cualquiera.

—Soy de Tasmania —dije—. Te entiendo.

Cuando no temes olvidar quién eres, la vida en la cocina o la vida en la oficina puede contener una enorme y abrumadora felicidad. Todo lo que miras, la puerta, las paredes que se encuentran en el ángulo de la habitación, la luz que brilla en el teléfono celular, todo eso podría estar tan vivo que te devuelve la mirada. Los demás podrían no ser las personas que tú creías que eran. Los miembros de la familia pueden ser tan nuevos y sorprendentes como los desconocidos. Y tú, a quien sólo en apariencia has conocido toda tu vida, también podrías sentirte nuevo y sorprendente. Puede que carezcas de perspectiva para que alguien te critique. Puede que ya no sepas lo que no puedes hacer. Podrías, por un momento, ser un búho o un roble, según lo que el mundo te muestre. Y finalmente, cuando pierdas el miedo a tu felicidad, no te interpondrás en su camino.

Tengo una amiga que dijo:

—Sentí como si entrara en el salón de estar de Dios. Árboles y acantilados. Fue sencillo: dejé de saber qué no podía hacer o qué no podía cumplir.

—Entonces, ¿qué decidiste hacer?

—Ah, casarme. ¿Te ocuparás de la ceremonia?

14

NO HAY NADA QUE ME DISGUSTE

Dijo Linji:

—No hay nada que me disguste.

Sobre cómo evitar el arte malo

> La primera pregunta que me hago cuando algo no parece bello es por qué pienso que no es bello. Y muy pronto descubres que no hay ninguna razón.[1]
>
> John Cage

Una polilla es una criatura cartógrafa. Cuando va hacia una vela se está guiando por un mapa erróneo. Tal vez el mapa de la polilla diga algo así como: «Oportunidades de apareamiento aquí». El ser humano también es una criatura cartógrafa. Todo el mundo actúa a partir de un mapa, y el mapa siempre está desfasado. La vida, el territorio representado en el mapa, se mueve con rapidez. Eso significa que el mapa se va alejando del territorio, hasta convertirse más en un artefacto independiente que en una guía útil. Si se produce una gran brecha entre el mapa y el mundo, la persona que hizo el mapa se siente incómoda. Ha sido un bonito mapa y ha funcionado bien durante cincuenta años o cinco minutos. Y ahora no funciona. Algunos datos desmienten el mapa. En esta situación, a diferencia de las polillas, los seres humanos tienen dos opciones. Una es el camino del descubrimiento, en el que se abandona o redibuja el mapa constantemente. El otro camino es aquel en el que, cuantas más dudas tengas sobre un mapa, más insistirás en que es correcto. Ése es el camino de la polilla. Como eres un ser humano, si sigues ese camino entrarás en conflicto con tu corazón.

A veces puede ser útil concebir los mapas como historias, ficciones, obras de arte. La invención de historias no parece eludible. Las historias aparecen en la mente porque sí, con o sin invitación, como la visión de un árbol al doblar una curva. Nada tiene de malo inventar cosas. Te culpas, culpas a otras personas, adivinas las razones: ésos son ejemplos de cosas inventadas. Hay una trama, y lo que inventas es drama, arte. Pero si piensas que ese arte es real, empezarás a sufrir. Estás construyendo una celda para vivir en ella. Es tarea del koan derribar los muros de esas prisiones, socavar sus ficciones. Entonces quizá descubras que no te están haciendo sufrir otras personas o las circunstancias. Te hacen sufrir tus mapas, tus historias, tu ficción, tu cárcel. Te hace sufrir el arte malo.

EL KOAN

No hay nada que me disguste

Dijo Linji:
—No hay nada que me disguste.

Lo que dice Linji puede parecer increíble al principio. Si resulta más enigmático suponer que Linji habla de algo real que de lo contrario, ¿de qué podría estar hablando? Es fácil que te disgusten las cosas, pero ¿qué significa eso, disgustar? El disgusto puede significar que sientes tensión entre cómo son realmente las cosas y tu relato sobre cómo son las cosas. Dado que los mapas son siempre ficciones, y siempre más pequeños que el territorio, esa divergencia ocurre todos los días. Cuando ocurre, puedes abandonar tu ficción o revisarla. Por lo general no es eso lo que sucede. Y cuando insistes en la validez de tu relato, vas por el camino del disgusto.

Ese camino del disgusto es frecuente. Popular en la religión y en la política, conduce a lo que el Buda llamó «construir la casa del dolor».

Cuando una medida no funciona, lo más habitual es repetirla pero con más vigor. Por ejemplo, algunas religiones discriminan seriamente a las mujeres. Y si no se presta atención a las mujeres en una cultura, los hombres también sufren. Todo el mundo caminará en un estado de trance, fingiendo creer que sus costumbres tienen sentido. Aumentará la pobreza, decaerá la ciencia, se marchitará el arte. ¿Y cuál sería la solución? Podrías reprimir más a las mujeres, quizá impedirles conducir. Podrías juzgar por herejía a cualquiera que discrepara. También podrías librar una guerra para recuperar tu dignidad. Bueno, ya ves hacia dónde va ese camino. Se llama historia.

Cuando algo te disgusta, hay una ruta alternativa a la declaración de guerra contra el mundo o a lanzarte de nuevo hacia la llama de la vela. En esa ruta alternativa puedes explorar la ficción que corresponde a tu disgusto. La exploración no te compromete a una postura: sólo significa que echas un vistazo a tu alrededor. Si haces eso, quizá encuentres trabajando al cartógrafo, al narrador, al escritor.

He aquí una historia sobre cómo sorprender al cartógrafo mientras trabaja.

Un hombre que a veces tenía dificultades para controlar su mente se puso a trabajar en un koan. Luego, mientras estaba en un retiro, soñó que luchaba en una guerra, con tiroteos reales. Balas trazadoras atravesaban el cielo, helicópteros de combate disparaban ametralladoras pesadas, hombres con rifles de asalto corrían y se cubrían y volvían a correr. Sentía la percusión en el suelo cuando golpeaban los proyectiles. En esta situación infernal, luchaba y disparaba, dispuesto a hacer cualquier cosa para sobrevivir. Entonces, de repente, en el sueño, salió del cuerpo y vio que estaba soñando. Detrás de la frente tenía un mosquitero, una malla mental, y toda la guerra con su desesperación, angustia, ruido y desamparo era una película proyectada en esa pantalla. La miró con asombro y alivio. En lugar de ser una víctima, se había convertido en crítico de arte.

Después, con un zumbido, se vio arrastrado de nuevo a la lucha. Eso es, quizá, lo que se ve a través de las ficciones de la mente, el sufrimiento formado por pensamientos que se pegan unos a otros. Comprendió que él y sus pensamientos no eran lo mismo, y tan pronto como advirtió el engaño volvió a hundirse en él. Podrías despertarte y olvidar muchas veces. Pero si adviertes, aunque sea en una sola ocasión, que el dolor está en la pantalla de la mente, siempre tendrás la posibilidad de recordar y liberarte.

He aquí un ejemplo de cómo las ficciones pueden hacerte desdichado. «Fui abandonado y luego adoptado —dijo un hombre—. Es terrible que no creciera con mis padres naturales. Ésa es la causa de mis problemas con otras personas, sobre todo con las mujeres.» Actúa aquí el arte malo, probablemente respaldado por la psicoterapia. Y, al mismo tiempo, está clara la manera de socavar la ficción. Por suerte, el hombre hizo esta afirmación a un maestro koan, quien le preguntó: «¿Por qué es terrible que te hayan abandonado? ¿Y si tus padres naturales no hubieran podido criarte? Podrías haber muerto. ¿Y qué tiene de malo ser adoptado? Ahora sabes que fuiste deseado. Tus padres hicieron el esfuerzo de tenerte. Fuiste elegido».

«No hay nada que me disguste» puede funcionar como el koan «No». Cada vez que sientas dolor, fíjate en lo que piensas y mira si de verdad te disgusta lo que está pasando. Si tu sufrimiento viene de haberte instalado en un mundo de lo que debería o tendría que ser, entonces puedes averiguar si realmente hay un problema con el momento presente. Él me dejó. Bueno, si eso quería, hizo bien. Ella me traicionó. Bueno, eso está fuera de mi control. Menos mal que ya no estamos juntos. Yo no puedo hacer nada. Usar así el koan puede ser muy liberador.

Esto es lo que le pasó a un hombre que afrontaba algo que la mayoría de la gente consideraría doloroso. Ésta era la situación. Su esposa comienza a hacer largas llamadas telefónicas personales. Cuando se le pregunta por qué, se muestra evasiva o se echa a llorar. Tienen dos hijos pequeños. Los detalles son confusos y su relato no para de cambiar. Él es ingeniero y le gusta la estabilidad en su vida emocional. Ella confiesa haber tenido una aventura. Él le pide que no siga por ese camino y entonces se da cuenta de que a un adulto no se le puede decir eso. Piensa en sus hijitos. Cree que sin un matrimonio estable los niños no serán felices ni tendrán éxito. De repente le vienen imágenes a la cabeza: piensa en el otro hombre e imagina a su mujer en la cama con él. Ella no promete dejar de ver a ese hombre, luego lo promete, pero él no la cree.

Finalmente se sienta y observa. Descubre que está invirtiendo todo su tiempo en la aventura de su mujer. Él, en sus pensamientos, pasa más tiempo con el hombre que su esposa en la realidad. Analizando esos pensamientos, constata que el otro hombre no está presente a menos que él lo convoque mentalmente. Que dedica todo su tiempo a tratar de persuadir a su mujer para que tenga otros sentimientos. También se da cuenta de que eso —controlar los sentimientos de otra persona— es imposible. Y advierte que eso le causa infelicidad. ¿Qué es exactamente lo que le disgusta de su mujer? ¿O del hombre con el que ella está liada? No conoce al hombre, y aun así siente una fuerte antipatía hacia él.

La manera indicada de actuar en esos casos está bien establecida. Por lo general existe la obligación de ponerse histérico, de llorar y de hacer reproches. Reclutar a los niños también es muy popular. No hay por qué culparse si se hace eso, pero quizá no sea necesario.

Entonces llega el sábado de Pascua y el hombre se va a la cama pensando si necesita conservar esa infelicidad. «No hay nada que me disguste.» Por la mañana se levanta. No se dice que su mujer tiene una aventura y, por tanto, debe ser desdichado. No se cuenta ninguna historia. «Hoy —piensa— no tendré ningún relato sobre nada.» Comprende que eso es sólo el comienzo de un movimiento hacia la felicidad, pero supone un gran alivio. Siente el impulso de crear otro relato, en el que su mujer se olvida del otro hombre y sus hijos crecen en una familia unida y él se considera un buen padre. Eso también es doloroso, ya que quizá no ocurra. Hasta un buen relato parece fuera de lugar.

Lo cierto es que no sabe qué hará ella. Además, el asunto no es únicamente cosa de su mujer. Reconoce que también él está implicado. Él tampoco sabe qué hará. No finge nada, no cultiva su dolor y no se atribuye omnisciencia sobre los desastres que van a ocurrir. Sin un relato se siente feliz. Ayer era un hombre abatido, un marido abandonado. Hoy es un hombre que esconde huevos de Pascua para sus hijos. Su esposa lo acompaña. Son un hombre y una mujer que esconden huevos de Pascua para sus hijos. Se sientan en un banco y observan. Ve que a los niños les gusta buscar huevos de Pascua.

Los niños no tienen opiniones sobre las aventuras, y no piensan en lo que podría estar pasando. Quieren que su padre no los abandone por la ficción de que su mujer debe ser alguien diferente de quien es. Sus opiniones sobre ella no son importantes para los niños. Entonces descubre que el momento no tiene imperfecciones. Él es un hombre sentado en un banco en un jardín. No pasa nada malo. No hay ningún defecto.

«Desde entonces —piensa—, ¿quién sabe?» Quizá ella da por terminada la aventura y se queda. Quizá él la deja. Quizá ella tenía razón y el problema es él. Quizá nada cambie y la incertidumbre continúe. Lo que ha cambiado es que él no se atormenta más con los pen samientos. Desayuna, sale a trabajar, llega a casa, cena, juega con los niños, lee una novela. Vive. No necesita que el momento sea diferente para sentirse feliz. Es feliz.

Tal vez el koan «No hay nada que me disguste», que al principio podría parecer inalcanzable, no sea en realidad tan complicado. Podría tratarse de una mera observación del estado natural de la mente, el estado natural de un hombre sentado en un banco, mirando a sus hijos, que recogen huevos de Pascua, feliz porque ha dado placer. En el *Dhammapada*,[2] un texto antiguo, el Buda observa lo doloroso que es vivir en la creencia de que uno es una víctima y señala, también, lo que es vivir sin esa creencia. «"Me insultó, me hizo daño, me robó, me golpeó"; si piensas así, sufrirás. "Me insultó, me hizo daño, me robó, me golpeó"; si no piensas así, no sufrirás.»

El Buda no dice que no pasó nada, que no te golpearon, que no hubo dolor. No te incita a fingir que eres un robot, a que lo niegues o a adoptar un pensamiento positivo. Sólo dice que alimentar la historia del sufrimiento te hará sufrir. Y no dice que no alimentar la historia del sufrimiento te hará feliz. Sus palabras son un koan; eliminan el relato del sufrimiento. Cómo aparece la felicidad es asunto tuyo.

Este koan plantea la idea de que la libertad podría consistir en desprenderte de tus propios relatos acerca de la vida y de quién eres y quién deberías ser. Cuando empieces a ver que sufres a causa de tus pensamientos, quizá quieras deshacerte de los pensamientos difíciles y dolorosos y reemplazarlos por pensamientos buenos. Ése no es el enfoque del koan. ¿Qué ocurriría si te deshicieras de los pensamientos dolorosos y no pusieras nada en su lugar? Entonces tal vez no lucharías para hacer que el mundo encaje en tu ficción. No te haría sufrir el arte malo. Un hombre y una mujer esconderían huevos de Pascua en el jardín el domingo de Pascua por la mañana, y sus hijos podrían encontrarlos con gritos de alegría. En años posteriores, los niños podrían decir: «Me gusta la Pascua, siempre recordaré esa Pascua de cuando éramos tan felices».

Cuando el Buda hizo sus descubrimientos, dijo: «He encontrado al constructor, y no volveré a construir la casa del dolor». Sin tus ficciones, la vida tiene una sencillez llena de belleza.

No hay nada que me disguste.

15

EL MAESTRO DE LA CANCIÓN: UN KOAN AUSTRALIANO

En Tierra de Arnhem, un cantante llamado Maralung dormía una noche. Mientras soñaba, un maestro de la canción se acercó y le dijo: «Despierta, tengo que enseñarte una canción». Así que Maralung se despertó y el maestro le enseñó la canción. Después Maralung volvió a dormirse y la olvidó. Al día siguiente un visitante dijo que le gustaría oír la canción, así que esa noche Maralung volvió a soñar y todo se repitió sin variantes: el maestro entró en su sueño y lo despertó y le enseñó la canción antes de que volviera a dormirse. Pero esa vez, por la mañana, recordó la canción.

Ésta es la pregunta: Maralung sabía la diferencia entre el sueño y la vigilia. Entonces, ¿estuvo o no estuvo allí el maestro de la canción?[1]

Encontrar tu canción

> He comenzado,
> cuando estoy cansada y no puedo encontrar
> la respuesta a una pregunta desconcertante,
>
> a pedir la opinión de mis amigos muertos,
> y la respuesta suele ser inmediata y clara.[2]
>
> MARIE HOWE

Si te preguntas si estás despierto o soñando, la propia pregunta hace la vida más interesante y resonante. Muchas de las cosas que hacemos son como buscar una canción para cantar en un sueño. Si quieres resolver un problema, tu situación podría ser como la del soñador del koan. No tienes la canción, y además estás dormido. Todo parece imposible. Entonces notas algo extraño, que te estimula la curiosidad. Hay en el aire algo raro y quizá peligroso, pero sientes una apertura que te hace feliz. Ese descubrimiento es como si involuntariamente extendieras la mano, y cuando haces eso, sin pensarlo, tu mano encuentra algo. Resulta que es tu canción.

Una canción es una manera de comunicarse diferente, digamos, de una circular. Con nuestros interesantes problemas —¿qué pasa con el calentamiento global?; ¿debería divorciarme?; ¿cómo puedo encontrar un nuevo trabajo?—, a menudo ni siquiera está claro por dónde empezar. Los problemas se presentan con aspecto de A o B, ninguno de los cuales parece deseable. Pero si ves el problema desde atrás o en otro nivel, quizá deje de ser un problema. Ese paso es como encontrar una canción. También podría tratarse de la idea para un libro, un panel de energía solar, una forma de ayudar a un niño en apuros, cualquier cosa que quieras aportar al mundo.

No esperamos que las respuestas a nuestras preguntas salgan de la nada. Sin embargo, tal vez ése sea el único lugar de donde puede venir una solución. Empiezas por no saber —no saber cómo, o qué, o por qué, o quién—, hasta que parece un lugar bastante aceptable donde pasar el tiempo. Lo extraño, entonces, es que, si extiendes la mano, lo que necesitas puede estar ahí. Esta extrañeza es al mismo tiempo alentadora y muy perturbadora.

Los koans desenredan el mundo que hemos ideado, y es ese desenmarañamiento lo que permite que aparezca un mundo diferente. En el mundo desenredado e increado no hace falta hacerse pequeño para sobrevivir. No pasa nada si olvidas la canción que te han dado. La recordarás la noche siguiente, y si no la noche siguiente, la noche después, y si no es así, bueno, algún día. Puede que el error no sea un fallo, incluso puede que la canción esté mejorando mientras la olvidas. La generosidad del mundo es fuerte y persistente.

El maestro de la canción

En un lugar llamado Barunga, en el Territorio Norte de Australia, había un cantante llamado Maralung. Llevaba las compañías de baile a los sitios tradicionales. El espíritu de un maestro de la canción llamado Balanjirri y un pájaro llamado Bunggridj-Bunggridj le daban a Maralung sus canciones. El maestro de la canción vivió hace tanto tiempo que no se sabe nada de su vida. En el campo se ven misteriosas luces en movimiento, fuegos fatuos llamados Minmin; se los tiene por luces de espíritus y cuentan con sus propias historias de creación y de sueños, pero se los considera peligrosos.

Una noche Maralung estaba durmiendo, mirando una luz de Minmin. La luz era azul, verde y blanca, y caía por el cielo de oeste a este. Aparecieron Balanjirri y el pájaro Bunggridj-Bunggridj, que partieron tras ella. Siguieron la luz y oyeron una canción y luego entraron en el campamento donde dormía Maralung. «Levántate, tengo que enseñarte una canción», dijo Balanjirri. El soñador se despertó y el maestro le enseñó la canción. El pájaro también cantó. La canción estaba compuesta en el idioma de los espíritus, así que los humanos podían cantarla pero sólo los espíritus la entendían. Maralung contó la historia:

> Tiene esos..., ¿cómo se llaman?..., palos de ceremonia. Aparecieron allí. Eran enormes, esos palos. Huy. Que me parta un rayo si no eran inmensos. Ese mú-

sico de *didgeridoo* se sentó tan lejos de mí como esa maldita silla. Balanjirri llamó «hijo» al ejecutante del *didgeridoo*. No era un *didgeridoo* corto. Era enorme. Y lo tocó para mí.

—No pierdas esta canción, consérvala —dijo el viejo músico—. Te la he cantado. Es tuya.

Lo dijo en tono amable.

—Está bien.

—Vale, tienes que recordarla bien, esta buena canción, esta luz de Minmin tuya.

Él se fue y yo seguí cantando. Pero, tonto del culo, me quedé dormido. Pero no te preocupes, la conseguiré. Quizá una o dos, tres, cuatro, cinco..., si me muestra..., seis, siete, ocho, nueve.

A la noche siguiente, Maralung volvió a soñar y ocurrió lo mismo. De nuevo el maestro y el pájaro entraron en su sueño y lo despertaron y cantaron para él, que después volvió a dormirse. Pero esa vez, por la mañana, recordó la canción.

Ésta es la pregunta: Maralung sabía la diferencia entre el sueño y la vigilia. Entonces, ¿estuvo o no estuvo allí el maestro de la canción?

TRABAJAR CON EL KOAN

Cuando necesitas algo, y no sabes lo que necesitas, puedes obtener más de lo que has pedido y verte arrastrado a un mundo más grande y extraño. Las luces de Minmin son peligrosas; el pájaro y el espíritu van a un lugar donde puede haber demonios, pero es allí adonde tienes que ir para conseguir una canción, a un lugar que está más allá de lo que hayas conocido en tu vida. Por eso los palos que mantienen los ritmos de baile son enormes, y el *didgeridoo* también lo es. Todo lo relacionado con la canción es enorme, de la misma manera que todo es enorme en Rabelais, de la misma manera que hay gigantes en los Grimm y de la misma manera que la gente es especialmente feroz en los cuentos de manga en los que los fantasmas y los demonios se mezclan con los vivos. El maestro de la canción y el pájaro comparten riesgos para ayudar al cantante vivo. Ese peligro y esa rareza podrían ser buenos para nuestra vida.

Durante mucho tiempo me sentí aislado del mundo, una bola de billar en un espacio cartesiano; un abismo me separaba de los peces, los animales, los árboles y las personas; mi mente no estaba contenta ni sana. Había síntomas, como tener más pensamientos de los que podría usar en un momento dado, y torpeza con la gente, pero quizá el síntoma principal era quedar fuera de la magia de las cosas. Me preocupaba el problema, estudiaba animales y plantas y advertía que todos los pasos que daba no servían para nada. Un día la brecha dejó de existir. Con la desaparición de la brecha podía permitir que una situación me dijera de qué se trataba, que la gente se me revelara sin encontrar un problema. A veces la plenitud es algo dado. Tiene que ser así, porque el esfuerzo conduce al esfuerzo, no a la totalidad. Entonces, ¿de dónde viene la totalidad? Bueno, ésa es una de las grandes preguntas. ¿De dónde venimos? ¿De dónde viene el universo? Un espíritu y un pájaro lo sacaron de las luces de Minmin.

La historia de Maralung me la contó un musicólogo de la Universidad de Sídney, Allan Marett, cuando vino a un retiro en el monte de Gorrick's Run, en las afueras de Sídney. Enseñé allí regularmente durante unos doce años en las décadas de los ochenta y noventa. Allan conocía el zen y la música japonesa, pero había estado estudiando música en el Territorio del Norte, y solía tocar el *didgeridoo* al final de los retiros. Grabó algunas de las canciones de Maralung, que están en la web. Esa canción se llama «Minmin light». Maralung hablaba dos lenguas aborígenes; Allan hablaba con él en pidgin, que era su tercera lengua.

Desde mi punto de vista, el mundo llega desde lo desconocido y lo inimaginable. Todo aparece tal como es, viniendo a nuestro encuentro; es un don, no un producto, y tropieza con nosotros, se estrella contra nosotros, o viene a buscarnos. Supongo que es bueno que se presente sin que tengamos muchas cosas en la cabeza. Ésa es la disciplina: la cuestión de no tener muchas cosas en la cabeza. Quizá sería más exacto decir que no se trata tanto de si hay algo en la mente como de si nos creemos automáticamente nuestros pensamientos. Sin embargo, tener menos cosas en la mente nos ayuda a sentir curiosidad por nuestros pensamientos y a ver la naturaleza onírica de lo que normalmente consideramos importante. Es propio de la cárcel creer que somos nuestros pensamientos. Cuando no lo creemos, parece que la libertad ya ha llegado.

Para Allan, el musicólogo, lo que vino a rescatarlo fue la pregunta: «Ya que Maralung sabía la diferencia entre el sueño y la vigilia, ¿estuvo o no estuvo allí el viejo maestro de la canción?». Creo que debemos aceptar la forma en que nos llega una pregunta. Entonces tenemos que ceñirnos a ella. Cualquier pregunta que surja se abrirá a otras. Un amigo que vive en Lucca, en la Toscana, ante las inexplicables creencias milagrosas —el santo cuyo cuerpo nunca se descompuso y la enorme losa de mármol arrastrada desde el mar por dos bueyes— se hizo la misma pregunta: ¿es esto real? El koan «No» pregunta sobre la naturaleza humana y si es lo mismo que la de un perro; si compartimos el misterio de la vida, una variante de la misma pregunta. Siempre que me enfrento a una cuestión de este tipo, al principio parece una pared, pero al final resulta que tiene posibilidades más interesantes de lo que pensaba al principio. A menudo resulta humillante descubrir eso, la superficialidad de mi reacción inicial. Normalmente la pared resulta ser una puerta.

La mayor parte del tiempo hay una brecha entre la vida que sabemos que es posible y la que vivimos. Esa brecha aparece como inquietud, dolor, anhelo, miedo, soledad irredimible, piel erizada: un estado incómodo. La tarea del koan es hacerte atravesar cualquier brecha entre tú y tu vida. No es algo a lo que haya que encontrarle sentido, como tampoco lo sería un poema o una pieza musical. No puedes salir en busca de una canción; sin embargo, una canción puede venir a ti.

He aquí una historia sobre cómo, al igual que Balanjirri despertando al durmiente, el mundo puede venir a buscarnos y hacernos atravesar esa brecha. Nancy Farmer es novelista infantil. Cuando me contó esta historia estaba a punto de ir a Alemania a recoger un premio por uno de sus libros, que resultó no ser una placa o un pergamino, sino una brillante escultura de metal, parecida a las de Brancusi y extremadamente incomprensible. Sin embargo, no siempre fue novelista; antes de escribir y recibir los premios, era una científica independiente que trabajaba para empresas. Luego su empleador de la época cambió la descripción de su trabajo para que incluyera viajes. Como tenía un hijo pequeño, no le pareció una buena idea. Así que comprendió que necesitaba otro trabajo.

No tenía ni idea de lo que haría, pero sentía que estaba abierta a cambiar su vida completamente. En realidad, no hay un camino claro para cambiar tu vida completamente, así que ella entendió más o menos que era una posibilidad y continuó con su rutina. Una noche estaba leyendo un libro, un cuento para niños mayores, cuando una imagen le llamó poderosamente la atención. La imagen que la inspiró fue la de un niño pequeño (más o menos de la edad de su hijo en ese momento) a punto de caminar sobre un estanque congelado, hundirse en el hielo y ahogarse. Se dio cuenta de que sabía hacia dónde iba la historia. «Yo podría hacer esto», pensó. Siguió leyendo, y se fue a la cama como de costumbre. Al día siguiente se despertó y comenzó a escribir su primera novela. «Me hice escritora de la noche a la mañana», dijo. La imagen no parecía importante en sí misma, pero la llevó a través de esa brecha a una nueva vida.

El propósito de la historia de Maralung también es aportar curiosidad a toda la gama de experiencias, sobre todo en situaciones que pueden parecer extrañas o peligrosas. Los koans deben funcionar en todas las condiciones; podríamos evaluar esa idea poniéndola a prueba en un ambiente resueltamente mundano que también está lleno de tensiones: el examen de abogado en California. El examen es una barrera que los abogados tienen que superar para poder ejercer en el estado. Al igual que muchos exámenes profesionales, funciona en parte como control de calidad y en parte, quizá mayormente, como requisito del gremio para impedir que entren todos. El examen tiene lugar a lo largo de tres días, se sabe que profesores de derecho de grandes universidades no lo han aprobado y es universalmente temido. Rachel Howlett, abogada ambientalista y profesora de zen, mc habló de rendirlo en Sacramento. La historia, como la de Maralung, muestra el arco de la experiencia, y cómo podríamos llegar a casa cuando parecemos estar perdidos.

Había ochocientas personas en el centro de convenciones, que tiene suelo de cemento; el ruido de las patas metálicas de las sillas al rasparlo es una de sus principales características de diseño. En ese ambiente onírico apareció una figura onírica. Durante el examen, los supervisores revisan periódicamente las fotos en los despachos para evitar que te cambies por alguien con más conocimientos. La supervisora de la fila de Rachel medía menos de un metro cincuenta de alto, una mujer mayor, negra y rubia, que solemnemente anunció: «Bendigo a todos los de mi fila. Todos ustedes van a pasar». Uno de sus amigos se enteró de eso y pidió a la supervisora que también lo bendijera a él, y ella lo hizo y el hombre aprobó el examen.

A medida que avanzaba la prueba, día tras día, algunos de los efectos de estar en un retiro se hicieron sentir. El pie de una persona, una grapa en una hoja de papel o una zona de una pared impresionaban a Rachel de una manera inusualmente vívida e íntima. Cada objeto parecía perfecto y fascinante, y competía por llamar y retener su atención. Se sorprendía conversando con él, murmurando cosas como «Te miraré más tarde, ahora mismo tengo que hacer este examen». La talidad de esas cosas también era un estímulo.

Había en el examen una sección de opción múltiple, compuesta por casos ficticios de demandante contra demandado, en los que todos los demandantes tenían nombres que empezaban por P y los demandados tenían nombres que empezaban por D. Dirk y Daisy y Devonish-Meares siempre maltrataban a Paula y Penelope y Pompey. Tenían 1,8 minutos para entender el caso y responder y olvidar y empezar a trabajar en el siguiente. Al recorrer esos casos se encontró en un lugar atemporal. No había futuro ni pasado. Ella siempre había estado contestando preguntas sobre Periwinkle y David, algo que no resultaba difícil, y de hecho era agradable además de eterno. En la superficie había agitación, lucha y dificultades, pero en el fondo no había ningún problema. Resulta que fracasó en el primer intento, pero pasó al segundo, como Maralung recordando la canción. Con el tiempo, la bendición de la supervisora se hizo realidad. Y una bendición sincera es algo que hay que aceptar; con independencia del resultado, es una bendición real.

La pieza final de esta historia del examen de abogacía también trata sobre cómo superar una brecha. En su segundo intento por ingresar en el colegio de abogados, Rachel estaba vestida y lista para irse, esperando hasta el último minuto para hacer cola con las otras personas ansiosas, tratando de controlar su propia ansiedad, pensando: «¿Podré salir de esto?». Confiamos en nuestra mente, e imaginamos que se portará bien, pero no lo hace. No podemos presuponer que pensaremos lo que pretendemos pensar, y no siempre hacemos lo que nos decimos. Podríamos creer que somos nuestros pensamientos y sentimientos, pero nuestros pensamientos y sentimientos son objetos del mundo, como las mesas y los espejos. En cualquier momento quizá tengamos que negociar con ellos.

En este caso, Rachel se miró en el espejo de su habitación de hotel y se dio cuenta de que en realidad no veía su propia cara. No estaba presente en su imagen. No sentía los pies sobre la alfombra ni el lavabo debajo de las manos. «Esto —decidió— no es bueno.» Se sentía cerca de su vida pero no exactamente allí, y no exactamente allí parecía insuficiente para el examen. «¿Será posible despertarme?», se preguntó. Trató de ver cuál era la parte extra de la situación, pero no lo logró. Recogió la pasta de dientes y volvió a mirar su reflejo. Advirtió que estaba tratando de controlar el nerviosismo y quizá dejó de oponerse, porque de pronto vio el brillo del lavabo y sintió la alfombra bajo los pies y el aire frío en la cara. Estaba preparada. Su manera de cruzar la brecha fue ser curiosa, esperar con las condiciones que había y no encontrarles defectos. No podía despertarse pero empezó a prestar una atención más profunda y el despertar se produjo.

En cualquier situación podríamos encontrar nuestra canción, nuestro mejor proceder, incluso podríamos encontrarnos a nosotros mismos. Ese hallazgo no dependería de los movimientos preestablecidos; podría llegar a salvarnos un movimiento erróneo. He aquí un ejemplo de cómo lo que no se busca e incluso lo que es imposible puede cambiar una situación. Cuando alguien muere, normalmente pensamos que el veredicto es firme; eso es todo en cuanto a su participación en la vida. Pero el maestro de la canción todavía traía canciones al mundo mucho después de que la gente hubiera dejado de saber quién era, así que quizá el veredicto no es totalmente firme.

Cuando las cenizas de mi madre volvieron del crematorio, mi familia pasó un par de días mirando la caja de plástico donde estaban guardadas. Luego llevamos la caja al viejo puente de hierro fundido sobre el río Tamar. Tanto el puente como el río habían sido para ella constantes compañeros de vida. Deshice un número sorprendente de capas y vertí las cenizas en el agua. Pero ése no fue el final; incluso después ella siguió cambiando. Noté el cambio porque la calidad de su consejo mejoró. Cuando vivía, su consejo parecía estar distorsionado por lo que creía que podrían pensar los vecinos, las opiniones de sus propios padres, la visión que tenía de su capacidad para aconsejar a alguien, los temores del día. Después de pasar por todos estos conductos y tuberías, el consejo de mi madre salía un poco alterado, y en consecuencia no recuerdo haberla consultado muy a menudo.

Sin embargo, tras su muerte descubrí que podía decirle algo y que una respuesta sorprendentemente clara, inmediata y satisfactoria aparecía en algún lugar de mi pecho. Ella pensaba en las cosas más importantes: lo que podía dar felicidad, el no tomar las cosas demasiado en serio, el cuidar de los demás con mayor ligereza. Las virtudes que siempre había poseído eran más visibles. No estaba necesariamente interesada en el rumbo que llevaría a la fortuna o a la fama. Yo tenía la impresión de que, de momento, las cosas estaban saliendo bien. Sus pensamientos no funcionaban como consejos, sino como un firme sentido del flujo de las cosas.

Maralung iba de un lugar diminuto a otro, a pequeños pueblos del interior con un pub y una estafeta de correos, a campamentos de cobertizos de corteza en los cruces fluviales. Se instalaba con su compañía de baile y cantaba. Después, seguía adelante. A veces pintaba casas por dinero. Me parece un gesto generoso y consolador ofrecer lo que tienes sin pensar en cómo será recibido o qué retribución dará el universo. Eso es lo que hizo el espíritu, Balanjirri, y también el pájaro. Hay una diferencia entre cantar bajo algunos eucaliptos en un cruce fluvial en el Territorio del Norte y estar en el escenario de la Ópera de Sídney, pero no podemos decir que la diferencia esté siempre a favor de la Ópera de Sídney. Lo que hace que la vida humana sea auténtica y bella está disponible en todas partes. Siempre se ofrece una vida insustancial y alienada —comer un buen desayuno de una foto de copos de maíz en una caja de cartón—, pero sus consuelos no consuelan. Para adoptar una vida artesanal, tienes que estar dispuesto a lidiar con las luces de Minmin y con el asombro y el miedo. Pero tienes que lidiar con el asombro y el miedo de todos modos, y cuando prestas atención, se produce un giro continuo hacia lo genuino.

No podemos decir que las vidas humanas tengan un propósito, ya que un propósito sería más pequeño que nosotros. Es verdad, sin embargo, que el impulso de dar libremente al mundo parece estar en el fondo del pozo de las intenciones humanas, de donde brota el agua más pura y clara. Ser capaz de devolver lo que el mundo te ha dado, pero moldeado un poco por tu estilo: eso es lo que hace verdadera una vida. Con el tiempo encontramos nuestra canción y la recordamos y la cantamos. Y nunca podremos saber quién más la cantará, o cómo terminará la historia; sus ondas se expanden más allá de nosotros y no hay un final a la vista.

CODA

Los koans siguen apareciendo en el mundo. El relato de Maralung cuenta cómo podrían surgir los koans: un maestro de la canción muerto hace mucho tiempo y un pájaro hicieron una incursión en lo desconocido. Como ya he señalado, imagino los koans como frascos de luz antigua; en esa imagen, cuando abres el frasco, la luz brilla y todo lo que ves brilla también. También puedes pensar en los koans como conversaciones que salen de un sueño, del lugar de donde viene el arte, de donde nace el universo, y ésa es una analogía mayor. Ofrece contexto para nuevos koans y koans de diferentes culturas. El conocimiento que parece muerto se puede reanimar. Y ese conocimiento también puede ayudar a que el verdor del mundo en peligro de extinción regrese. Ni siquiera tienes que buscar un koan, ya que no hay manera de encontrarlo. El koan te encontrará a ti.

NOTAS

Tres colecciones de koans, realizadas hace entre ochocientos y mil años, siguen siendo de uso común:

• *Las crónicas del Acantilado Azul* fue la primera de las grandes, extrañas y poéticas colecciones de koans, de los que contiene un centenar. Fue compilada en el siglo XI por el maestro chan Xuedou Chongxian, quien añadió sus propios versos y comentarios. En el siglo XII, Yuanwu Keqin, que vivió y dio charlas bajo el Acantilado Azul en Hunan, añadió introducciones y observaciones. Una buena traducción es *The Blue Cliff Record*, obra de Thomas Cleary y J. C. Cleary, Shambhala, Boston, 1977 [*Hekiganroku: Crónicas del Acantilado Azul*, Setcho Juken (comp.), 2 vols., Miraguano Ediciones, Madrid, 1991].

• *El libro de la serenidad* es otra colección de cien koans reunidos por Tiantong Hongzhi, que añadió sus propios versos. El maestro Wansong Xingxiu añadió comentarios y más versos. Una buena traducción e introducción es la de Thomas Cleary, *Book of Serenity*, Shambhala, Boston, 1998.

• *La puerta sin puerta* es una colección de cuarenta y siete koans compilada por Wumen Huikai. Hay muchas traducciones y comentarios. Mi favorita es *Zen Comments on the Mumonkan*, de Zenkei Shibayama, traducida al inglés por Sumiko Kudo, Harper & Row, Nueva York, 1974 [José J. de Olañeta, Palma de Mallorca, 2008].

Andrew Ferguson también tiene una buena traducción de los registros de los antiguos maestros: *Zen's Chinese Heritage: The Masters and Their Teachings*, Wisdom Publications, Somerville, Massachusetts, 2000.

(*Nota*: Al trabajar en algo relacionado con el chino, debemos recordar que hay dos sistemas comunes para escribir chino en el alfabeto latino; el más autorizado, el desarrollado por los albaneses durante la era de Mao, contiene muchas palabras que comienzan con X. Esos sistemas ofrecen dos maneras diferentes de pronunciar mal el chino. También los japoneses tienen su propia manera de pronunciar mal el chino.)

INTRODUCCIÓN: Una pregunta imposible significa un viaje

1. Una buena versión de los koans de Zhaozhou es *The Recorded Sayings of Zen Master Joshu*, con traducción e introducción de James Green (Shambhala, Boston, 1998). Joshu es el nombre japonés de Zhaozhou.

2. Este koan aparece en *La puerta sin puerta*, caso 10, así como en la traducción de James Green.

3. El maestro en cuestión era Yunmen.

1. EL INMENSO VACÍO DE BODHIDHARMA: Olvidar quién eres y no hacer disposición de nada

Este koan pertenece a *Las crónicas del Acantilado Azul*, y lo recoge también *El libro de la serenidad*.

1. Estas líneas son de *Genjo Koan*, en Eihei Dogen, *Moon in a Dewdrop: Writings of Zen Master Dogen*, edición de Kazuaki Tanahashi, North Point Press, Nueva York, 1995.

2. Extracto de «Poesía» de Pablo Neruda, de *Memorial de Isla Negra*. Una buena traducción al inglés, obra de Alastair Reid, es *Isla Negra: A Notebook*, Noonday Press, Nueva York, 1982 [hay numerosas ediciones en castellano, entre ellas, *Antología fundamental*, Andrés Bello, Santiago de Chile, 1997].

2. EL PERRO DE ZHAOZHOU: El secreto de cambiar de actitud

Este koan pertenece a *El libro de la serenidad* y aparece también en *La puerta sin puerta*.

1. Extracto de Rainer Maria Rilke, *Letters to a Young Poet*, trad. de Stephen Mitchell, Random House, Nueva York, 1984, carta 4 [hay numerosas ediciones en castellano, entre ellas, *Cartas a un joven poeta*, trad. de Jesús Munárriz, Hiperión, Madrid, pp. 51-52, Madrid, 2004].

2. *The Sun Also Rises*, de Ernest Hemingway, Scribner, Nueva York, 1926 [*Fiesta*, trad. de Joaquín Adsuar, Debolsillo, Barcelona, 2014].

3. Eran el Lama Yeshe y Zopa Rinpoche.

4. Joan Sutherland me contó esta historia.

5. Ése era el centro de formación de Robert Aitken.

6. El profesor de japonés era Koun Yamada.

7. Era Rachel Howlett. Más tarde se hizo abogada y profesora de koans.

3. RINOCERONTE: Encontrar lo inconcebible

Este koan aparece tanto en *La puerta sin puerta* como en *El libro de la serenidad*.

1. La Reina Roja hace ese comentario en *A través del espejo*, de Lewis Carroll. Hemos usado *The Annotated Alice*: *Alice's Adventures in Wonderland* y *Through the Looking Glass*, ilustrados por John Tenniel, con introducción y notas de Martin Gardner, Random House, Nueva York, 1998 [hay numerosas traducciones al castellano, entre ellas, *Los libros de Alicia*, trad. de Eduardo Stilman, colab. de Jorge Luis Borges, Ediciones de la Flor, Buenos Aires, 1998].

2. Las historias sobre Yanguan aparecen en Ferguson, *Zen's Chinese Heritage*.

3. Me contó esta historia la artista y escritora Mayumi Oda.

4. LA MENTE NORMAL ES EL CAMINO: El cielo que ya está aquí

Este koan pertenece a *La puerta sin puerta*.

1. Este consejo fue su intento de describir *karumi*, una especie de liviandad que reemplazaba a *sabi* y *wabi* —la combinación de soledad y simplicidad— como principio rector en las enseñanzas de Basho hacia el final de su vida. Véase Makoto Ueda, *Basho and His Interpreters: Selected Hokku with Commentary*, Stanford University Press, Stanford, California, 1992.

2. Philip Whalen fue abad del Hartford Street Zendo bastante después de la muerte de Issan Dorsey. Había dos residencias zen en San Francisco. Philip vivía en la Hartford Street Zen Center, asociada con Maitri, la residencia especializada en sida que fundaron Issan Dorsey y

sus amigos. El propio Philip, que no sufría sida, estaba en el Zen Center Hospice de la calle Page. Philip murió en la residencia del Laguna Honda Hospital, que tenía vínculos con el Zen Center Hospice.

5. VISITA DE PÉSAME: Seguir la muerte hasta la vida

Este koan es de *Las crónicas del Acantilado Azul.*

1. Extracto de «Mares», de Juan Ramón Jiménez, traducido al inglés por Seraphina Goldfarb-Tarrant y John Tarrant. Hay una buena traducción al inglés en *Lorca and Jiménez: Selected Poems*, edición de Robert Bly, Beacon Press, Boston, 1973 [hay numerosas ediciones en castellano, entre ellas, *Segunda antolojía poética*, Austral, Barcelona, 2017].

6. EL HILO ROJO: Conexiones que hace el deseo

Este koan es parte del programa estándar de estudios de koans, transmitido en forma oral y mecanografiada. Hay sobre el tema un interesante relato en John Stevens, *Lust for Enlightenment: Buddhism and Sex*, Shambhala, Boston, 1990.

1. Emily Dickinson, citada en Ted Hughes, *Winter Pollen: Occasional Prose*, edición de William Scammel, Picador, Nueva York, 1995. Encontré esta cita en *The Reader's Rejoinder*, colección periódica de citas y reseñas publicadas hasta la década de 1990 por Don Emblen, de Clamshell Press, Santa Rosa.

2. Salman Rushdie, «Fighting the Forces of Invisibility» («Luchando contra las fuerzas de la invisibilidad»), *The Washington Post*, 2 de octubre de 2001, A25.

3. Issan Dorsey fue el primer abad del Hartford Street Zen Center. Ken Ireland, quien por un tiempo dirigió la Residencia Maitri, ayudó aportando recuerdos acerca de Issan. Para saber más sobre Issan, véase David Schneider, *Street Zen: The Life and Work of Issan Dorsey*, Shambhala, Boston, 1993.

7. CONTAR LAS ESTRELLAS: Un koan aburrido

Este koan es parte del programa estándar de estudios de koans, transmitido en forma oral y mecanografiada.

1. William Stafford dijo eso muchas veces. Kim Stafford, *Early Morning: Remembering My Father, William Stafford*, Graywolf Press, St. Paul, Minnesota, 2002.

2. La historia de Jutei, que pudo haber sido la amante de Basho cuando eran más jóvenes, y que seguía siendo amiga íntima, se cuenta en Ueda, *Basho and His Interpreters*. El Festival de las Almas es como el Día de Todos los Santos, un día para recordar a los muertos.

8. DE LA NADA SURGE LA MENTE: La luz juega en los rostros de los niños

Este koan pertenece al *Sutra del diamante*. Se lo traduce a veces como «Sin apegarse a nada surge la verdadera mente». *The Diamond Sutra: The Perfection of Wisdom*, trad. de Red Pine, Counterpoint Press, Nueva York, 2001.

1. Este verso pertenece a Wumen, *La puerta sin puerta*, caso 30.

2. Este poema aparece en muchas antologías. Una buena es *The Essential Haiku: Versions of Basho, Buson and Issa*, ed. de Robert Hass, Ecco Press, Hopewell, Nueva Jersey, 1994.

3. Brian Howlett me contó esta historia. Los artistas a menudo recuerdan epifanías de la infancia.

9. LA MONTAÑA TORTUGA DESPIERTA: Amistad

El relato de la amistad entre Xuefeng y Yantou aparece dos veces en *Las crónicas del Acantilado Azul*.

1. Extracto de Alicia Keane, «Botany Bay», en *In Possession of a Cow*, Flat Out Lizard Press, Melbourne, 1997.

10. EL GRAN CAMINO NO ES DIFÍCIL: La vida *con* y *sin* tus preciadas creencias

Este koan pertenece al poema de Sengcan «Faith in the Heart». Sengcan fue el tercer antepasado del zen en China. Zhaozhou habla de este koan y lo cita en cuatro ocasiones distintas en *Las crónicas del Acantilado Azul*.

1. El dicho de Patanjali, *duhkham eva sarvam vivekinah*, pertenece a los *Yoga Sutras*, novecientos años antes de Sengcan. Michael Sierchio me

llamó la atención sobre él. Los *Yoga Sutras de Patanjali*, traducidos por Sri S. Satchidananda, Integral Yoga, Yogaville, Virgina, 1990.

2. Se atribuyen variantes de este dicho a muchos maestros. Baiyun es citado en Ferguson, *Zen's Chinese Heritage*.

3. La experiencia de Buda bajo el yambo es una historia canónica.

11. EL CIPRÉS DEL JARDÍN: El problema de los antepasados

Este koan pertenece a *La puerta sin puerta*.

1. Fue Michael Sierchio quien lo localizó. Doho Hattori, discípulo de Basho, atribuyó este dicho a su maestro en el Sanzoshi, la compilación de poemas y comentarios de Basho publicada en 1702.

> *Aprende sobre los pinos del pino, y sobre el bambú del bambú: el poeta debe separar la mente del yo... y entrar en el objeto... para que el poema se forme cuando poeta y objeto sean uno solo.*

2. *La puerta sin puerta*, caso 1.

3. El artista es Brian Howlett.

12. LA GRAN MISERICORDIA DEL BODHISATTVA: Una bondad secreta que trabaja en la oscuridad

Este koan aparece tanto en *Las crónicas del Acantilado Azul* como en *El libro de la serenidad*.

1. Extracto de James Tate, «Per Diem», en *Shroud of the Gnome*, Ecco Press, Hopewell, Nueva Jersey, 1992.

2. San Pablo, Corintios 1, 13,12.

3. Rachel Howlett hizo el comentario sobre el parentesco.

4. De Ferguson, *Zen's Chinese Heritage*.

5. De *The Record of Transmitting the Light: Zen Master Keizan's Denkoroku*, trad. de Francis Cook, Center Publications, Los Ángeles, 1991.

13. LA MUJER DE LA POSADA: ¿Te asusta esta felicidad?

Este koan es mi versión de uno de los relatos de laicos que estudiaron con Hakuin. Thomas Cleary tiene una traducción de esta historia, publicada en el ya agotado *Kahawai: Journal of Women and Zen* en Honolulu en 1984.

1. De Yehuda Amichai, «Seven Laments for the War Dead», en *The Selected Poetry of Yehuda Amichai*, edición y traducción de Chana Bloch y Stephen Mitchell, University of California Press, Berkeley, 1996.

2. De Harriet Jacobs, *Incidents in the Life of a Slave Girl*, Harvard University Press, Cambridge, Massachusetts, 2000.

3. Esto es del Buda, como lo imaginó Roberto Calasso, de Roberto Calasso, *Ka: Stories of the Mind and Gods of India*, trad. de Tim Parks, Knopf, Nueva York, 1998 [*KA*, trad. de Edgardo Dobry, Anagrama, Barcelona, 1999].

4. Basho se topó con el niño abandonado a principios de 1684. De Ueda, *Basho and His Interpreters*.

14. NO HAY NADA QUE ME DISGUSTE: Sobre cómo evitar el arte malo

Este koan es de Linji, la persona que dio su nombre a la escuela koan; en japonés se lo conoce por la pronunciación japonesa de su nombre, Rinzai. Véase *The Zen Teachings of Master Lin-Chi*, trad. de Burton Watson, Shambhala, Boston, 1993.

1. De John Cage, *Silence: Lectures and Writings by John Cage*, Wesleyan University Press, Middletown, Connecticut, 1973 [*Silencio. Conferencias y escritos*, trad. de Marina Pedraza, Ardora Ediciones, Madrid, 2002].

2. *The Dhammapada: The Path of Perfection*, trad. de Juan Mascaro, Viking, Nueva York, 1973 [*El Dhammapad. La senda de la perfección*, trad. de Joaquim Torres Godori, Plataforma Editorial, Barcelona, 2014].

15. EL MAESTRO DE LA CANCIÓN: Encontrar tu canción

Este capítulo fue escrito especialmente para la edición de Shambhala. Rachel Boughton ayudó en el proceso.

1. De *Songs, Dreamings, and Ghosts: The Wangga of North Australia* by Allan Marett, Wesleyan, Middletown, Connecticut, 2005. El capítulo 2 contiene un relato del trabajo de Maralung.

2. De *What The Living Do*, de Marie Howe, W.W. Norton, Nueva York y Londres, 1997.